厦门大学知识产权研究丛书

总主编　林秀芹

本书受“福建省高校特色新型智库——创新与知识产权研究中心”资助出版

核心专利管理与司法保护

罗立国◎著

知识产权出版社
全国百佳图书出版单位
—北京—

图书在版编目（CIP）数据

核心专利管理与司法保护/罗立国著．—北京：知识产权出版社，2021.6
ISBN 978－7－5130－7545－9

Ⅰ.①核… Ⅱ.①罗… Ⅲ.①专利权法—研究—中国 Ⅳ.①D923.424

中国版本图书馆 CIP 数据核字（2021）第 106890 号

责任编辑： 刘　睿　邓　莹　　　　**责任校对：** 王　岩
封面设计： SUN 工作室 韩力君　　　　**责任印制：** 孙婷婷

核心专利管理与司法保护

罗立国　著

出版发行：	知识产权出版社有限责任公司	**网　　址：**	http://www.ipph.cn
社　　址：	北京市海淀区气象路 50 号院	**邮　　编：**	100081
责编电话：	010－82000860 转 8346	**责编邮箱：**	dengying@cnipr.com
发行电话：	010－82000860 转 8101/8102	**发行传真：**	010－82000893/82005070/82000270
印　　刷：	北京九州迅驰传媒文化有限公司	**经　　销：**	各大网上书店、新华书店及相关专业书店
开　　本：	720mm×1000mm　1/16	**印　　张：**	11.25
版　　次：	2021 年 6 月第 1 版	**印　　次：**	2021 年 6 月第 1 次印刷
字　　数：	180 千字	**定　　价：**	58.00 元

ISBN 978－7－5130－7545－9

前　言

国家围绕着“创新驱动发展战略”提出了自贸区建设、“中国制造2025”、“一带一路”倡议、“大众创业、万众创新”等重大战略举措，用创新来解决经济快速稳定增长的问题。专利是典型的创新产出，我国专利申请量逐年增加，如此庞大数量的专利将如何促进我国产业的发展？如此庞大数量的专利，哪些是核心专利？专利的作用在于保护和激励创新，我国提出要严格保护知识产权，2020年10月17日，第十三届全国人民代表大会常务委员会第二十二次会议通过《全国人民代表大会常务委员会关于修改〈中华人民共和国专利法〉的决定》。修改后的《中华人民共和国专利法》（以下简称《专利法》）加强了专利的保护力度，能更好地保护创新成果。然而，企业面临专利诉讼的风险越来越多，专利权人在提起专利诉讼时需要考虑哪些问题？被控侵权方在被诉时需要如何应对？

本书将从核心专利视角出发，揭示核心专利规律，总结核心专利识别指标的现有研究，并通过新能源汽车产业开展实证研究，进一步探讨核心专利如何与产业发展相适应，总结核心专利在产业发展中的作用，推动产业的高端发展。并针对核心专利的司法保护开展研究，从理论上探讨核心专利的司法保护，从实证角度出发，以福建省2008—2017年法院司法文书为例，探究核心专利的司法保护水平，在数据的基础上分析专利价值、司法保护网络、律师作用、企业核心专利管理策略，向创新主体提供策略建议，从而实现创新驱动发展的战略目标。

通过新能源汽车装置数据对核心专利识别指标模型进行实证研究，研究显示说明书页数、附图页数和摘要字数在逻辑回归中不显著，但在相关系数矩阵中显著；权利要求数量、发明人个数、IPC分类号个数和同族专利数量回归显著。采用福建省新能源汽车技术领域数据的结果显示，文献页数不显著，引证次数、被引证次数、权利要求数量、发明人个数、IPC分类号个数、同族专利数量和专利转让都是显著的。

专利质押是识别核心专利的重要指标，而且专利质押的次数越多，其专利的重要程度越高。进行许可的专利不一定就代表核心专利，能进入复审和无效的专利对于申请人而言都是比较重要的专利，可以认为这些专利都是核心高价值的专利，网络成交专利毫无疑问应该属于核心专利。在专利诉讼中，获得高赔偿额的专利属于核心专利范畴，其赔偿数额一定程度上代表其市场价值。

核心专利对于产业创新有着极其重要的影响，需要重视核心专利的研发，而核心专利的研发可以通过产业集群来实现，再运用专利许可、专利转让、委托开发等形式，对其核心专利进行转化，以提升产业创新能力。核心专利的布局对产业发展有着重要的影响，可以通过深入地学习研究和消化吸收现有技术，在其基础上进行改进、获得外围专利，以实现争取交叉许可，或者降低核心专利的许可费用的功能。在核心专利与产业运用决策中，政府、行业协会和企业三方面要有机结合，通过政策引导，行业协会协调，企业自主创新为主体，实现某一技术领域的核心专利的突破，进而提升市场竞争力，实现整体产业的发展。

在核心专利的司法保护方面，企业在发现侵权产品时，可以及时向法院提起侵权诉讼，律师在专利诉讼中作用明显。企业在面对专利诉讼时根据专利评价报告来决定是否提起无效宣告程序；如果专利评价报告对专利的新颖性和创造性评价比较低，则可以收集相关证据提起无效宣告程序；如果权利稳定性高，则不需要提起无效宣告程序，从现有技术，侵权赔偿额的减少进行抗辩。企业在选择专利诉讼的对象时，需要更多地从市场的角度去考虑，市场销售数量多、容易调查取证的产品更能获得更高的赔偿数额。企业在提起诉讼时，可以在“法定赔偿”标准的上限提出请求，争取获得更高的判决数额。核心专利司法保护对产业经济发展有着重要的影响。全国知识产权法庭的成立，对专利的管辖权进行了集中，审判的尺度得到统一，实现跨区域的专利保护，赔偿标准趋于统一。

目　录

第1章　绪　论

1.1　研究背景及意义

我国经济面临下行压力加大的趋势，稳增长重要性正在凸显出来，如何使我国经济快速稳定的增长？党的十九大明确提出：坚定不移贯彻新发展理念，坚决端正发展观念、转变发展方式，发展质量和效益不断提升。发展是解决我国一切问题的基础和关键，发展必须是科学发展，必须坚定不移贯彻创新、协调、绿色、开放、共享的新发展理念。国家围绕着“创新驱动发展战略”提出了自贸区建设、“中国制造2025”、“一带一路”倡议、“大众创业、万众创新”等重大战略举措，用创新来解决经济快速稳定增长的问题。其中，专利是创新成果的典型代表，2019年全年国家知识产权局受理438.1万件专利申请，其中发明专利申请140.1万件。截至2019年12月31日，我国发明专利有效量为267.1万件，实用新型专利有效量为526.2万件，外观设计专利有效量为179.0万件。❶ 如此庞大数量的专利将如何促进我国产业的发展？如此庞大数量的专利中有多少属于核心专利？

知识产权的竞争越发成为企业国际竞争的重要表现，在技术创新中扮演着越来越重要的角色，专利显得尤为重要。专利作为企业无形资产的重要组成部分，体现了企业的技术创新能力和无形资产的价值，企业的专利

❶ 国家知识产权局. 2019年1～12月知识产权主要统计数据（知识产权统计简报2019年第28期总第28期）[EO/BL]. [2020－09－10]. http://www.sipo.gov.cn/docs/20200203123754249256.pdf.

管理活动包含专利的创造、运用和保护，创新活动属于资源投入，只有通过转让、许可、质押和诉讼等活动才能体现其价值，专利诉讼的侵权赔偿数额能很好地体现专利部门的收益，企业往往重视专利的创造，忽视专利的运营，而专利的运用和保护也是企业专利管理活动的重要组成部分。我国提出要严格保护知识产权，2020 年 10 月 17 日，第十三届全国人民代表大会常务委员会第二十二次会议通过《全国人民代表大会常务委员会关于修改〈中华人民共和国专利法〉的决定》，加强了对专利的保护，规定了恶意侵权的惩罚性赔偿条款，对法定赔偿标准的最低数额提高到 3 万元，对被侵权人要求提供财务账簿等材料作出相关的规定，整体上加大了专利的保护力度，体现了我国专利司法保护强度将大幅度提高。企业可能面临专利诉讼的风险越来越多，专利权人在发起专利诉讼时需要考虑哪些问题？被控侵权方在被诉时需要如何应对？

本书将从核心专利视角出发，揭示核心专利规律，总结核心专利识别指标的现有研究，并通过新能源汽车产业开展实证研究，进一步探讨核心专利如何与产业创新能力高度匹配、专利布局如何对产业竞争地位进行保障、核心专利如何对产业运行效益进行有效支撑。总结核心专利在产业发展中的作用，推动产业的高端发展，为产业制定发展战略，为产业的转型升级指明道路，从而实现创新驱动发展。针对核心专利的司法保护开展研究，从理论上探讨专利的司法保护，从实证角度出发，以福建省 2008—2017 年法院司法文书为例，探究核心专利司法保护的水平，在数据的基础上分析专利价值、司法保护网络、律师作用、企业核心专利管理策略，向创新主体提供策略建议，从而实现创新驱动发展的战略目标。

1.2　文献综述

法律上将专利划分为发明专利、实用新型专利和外观设计专利，实际运用中学术界提出有基本专利、外围专利、重要专利、一般专利、标准必要专利等术语，学者们提出自己的观点。李纪珍（1999）认为，基本专利是企业基础性、先导性的核心技术或主体技术。❶ 马惠敏和埃尔南德斯（Huimin & Hernandez，2011）认为，外围专利是围绕基础专利申请并通过专利优先权相联系的改进型专利。❷ 肖沪卫和顾震宇（2011）根据专利的价值及其重要性将专利划分为一般专利、重要专利、关键专利和核心专利。一般专利是指在结构、技巧等方面进行改进或提高的专利，重要专利是指那些较为独特的、能有效阻止他人非法使用的专利。❸ 我国《国家标准涉及专利的处置规则》中将“必要专利”定义为：“国家标准中涉及的专利应当是必要专利，即实施该项标准必不可少的专利。”❹ 国家知识产权运营公共服务平台提出，核心专利指的是制造某个技术领域的某种产品必须使用的技术所对应的专利，很难通过规避设计手段绕开，是覆盖了创新技术成果的核心方案的最主要技术特征、为基本专利提供细化支撑并将其产品化的基础专利或优选方案的专利。❺ 围绕核心专利如何识别，学者们构建了众多的方法，如专家评议、引文分析、专利族分析和多指标评价体系等，对核心专利的识别提出相关的方法。一般认为，提起诉讼的专利代表着其价值性比较高，代表着核心专利。因此，针对专利诉讼的数据分析，可以看出企业对核心专利如何管理和保护。

1.2.1 核心专利

韩志华（2010）提出核心专利就是指在某一技术领域中处于关键地位、对技术发展具有突出贡献、对其他专利或者技术具有重大影响且具有

---

❶ 李纪珍. 企业技术源的选择［J］. 中国软科学，1999（10）：76－79.

❷ Huimin M.，Hernandez J A. Price Skimming on a Successful Marketing Strategy：Study of Ipad Launching as Apple's Innovative Product［C］. Proceedings of the 8th International Conference on Innovation & Management. Japan，2011：389－393.

❸ 肖沪卫，顾震宇. 专利地图方法与应用［M］. 上海：上海交通大学出版社，2011.

❹ 国家标准委 国家知识产权局关于发布《国家标准涉及专利的管理规定（暂行）》的公告［EO/BL］［2017－05－12］. http：//www. fjipo. gov. cn/html/5/19/5869_201558948. html.

❺ 国家知识产权运营公共服务平台.《高价值专利培育和评价标准》正式发布［EO/BL］.［2019－07－06］. http：//m. vipzhuanli. com/news/rdzx/10314. html.

重要经济价值的专利。❶ 肖沪卫等（2011）和罗天雨（2012）也提出类似的定义，并且总结出核心专利的一些特征：①核心专利必须是原创性技术；②核心专利要具有不可替代性；③核心专利蕴含着重大战略意义；④核心专利可以是专利组合，等等。❷❸ 其中，标准必要专利是技术标准的研究范畴，即属于技术标准中的必要专利，是相对于技术标准而言的，核心专利是相对于某一技术领域而言的，两者之间有一定的相关性，但是，核心专利并不等同于标准必要专利，有些核心专利价值高，但没有被纳入标准必要专利中。专利价值则更多地探讨单个专利或者专利组合的价值，一般而言，需要进行专利价值评估的专利属于核心专利范畴，但核心专利的范围要大很多。专利质量更多的是围绕专利本身进行的研究，比如专利如何撰写。

美国司法部反垄断司从两个角度衡量核心专利：①技术上核心，要求该专利务必与该产品生产规格或核心技术直接相关；②商业上核心，是指需要投入极大研发成本或付出很大代价才能避开的专利，其在工业应用中处于核心地位。❹ 孙涛涛和金碧辉（2008）认为核心专利是在某一技术领域中处于关键地位，对技术发展具有突出贡献的，对其他专利或者技术有重大影响的，并且具有重要经济价值的专利。❺ 该定义突出核心专利对后续专利所作出的贡献和影响及其所产生的经济价值。马永涛等（2014）认为核心专利是具有原创性，因原理设计、实施过程科学优化及技术领域涉及广而绕不开，并且蕴含巨大经济效益和战略意义的专利或专利组合。❻ 谢萍（2016）认为核心专利是一定时间区间内的某技术领域的具备一定竞

❶ 韩志华. 核心专利判别的综合指标体系研究［J］. 中国外资，2010（2）：193－196.

❷ 肖沪卫，顾震宇. 专利地图方法与应用［M］. 上海：上海交通大学出版社，2011.

❸ 罗天雨. 核心专利判别方法及其在风力发电产业中的应用［J］. 图书情报工作，2012（24）：96－101.

❹ 王成军. 中外三重螺旋计量比较研究［J］. 科研管理，2007，27（6）：19－27.

❺ 孙涛涛，金碧辉. 关键技术挖掘与企业技术竞争情报——以 DVD 激光头技术为例［J］. 图书情报工作，2008（5）：129－132.

❻ 马永涛，张旭，傅俊英. 核心专利及其识别方法综述［J］. 情报杂志，2014（5）：38－43，70.

争力和/或市场价值的专利。❶ 罗立国（2018）认为核心专利是某个技术领域的具有高竞争力、高价值的核心技术。❷ 上述定义从技术领域出发考察其技术先进性和市场的价值。因此，核心专利应该包含四层含义：第一，核心专利必须是原创性技术，是某一技术领域的首创，具有引领新技术发展能力的作用；第二，核心专利要具有不可替代性，或因替代成本巨大不具有可行性，这就要求核心专利具备原理设计科学优化、实施过程巧妙新颖、技术范围涵盖广阔等优点；第三，核心专利还蕴含着重大战略意义，如占据高新产业绝对技术优势、蕴藏丰厚经济效益等；第四，核心专利并不一定是单个专利，还有可能是技术不断演进或竞争合作而形成的专利组合。

（1）基本专利。李纪珍（1999）提出，基本专利是指企业拥有的基础性、先导性的核心技术或主体技术❸，它不仅可以是前所未有的、首创的核心技术或主体技术获得的专利，也可以是“二次专利”。黄良才（2012）根据美国电气和电子工程师协会的定义，提出所谓基本专利是指设备兼容某一技术标准所必须使用到的那些技术专利。❹ 基本专利对于行业而言属于基础性的专利。从以上定义可以看出：基本专利是围绕核心技术所产生的专利，拥有基础性的技术，比如一些开拓性技术的专利，如蒸汽机的发明专利即属于此类。

（2）外围专利。外围专利是相对于基本专利而言的，在基本专利的基础上做研发，提出新的改进或者应用，对基本专利进行包围。施耐德（Schneider，2008）认为，外围专利是为了保护核心技术或者阻碍竞争对手，而围绕基础专利申请的一系列改进型专利。❺ 马惠敏和埃尔南德斯（2011）认为，外围专利是围绕基础专利申请并通过专利优先权相联系的改进型专利，而专利族（Patent family）是由相同发明或具有共同点的多个

---

❶ 谢萍. 核心专利识别方法研究综述［J］. 科技管理研究，2016（1）：147-152.

❷ 罗立国. 核心专利识别指标研究［J］. 中国发明与专利，2018，15（4）：63-69.

❸ 李纪珍. 企业技术源的选择［J］. 中国软科学，1999（10）：76-79.

❹ 黄良才. 褪去“基本专利”的神奇光环［N］，中国知识产权报，2012-09-26（005）.

❺ Schneider C. Fences and Competition in Patent Races［J］. International Journal of Industrial Organization，2008，26（6）：1348-1364.

发明组成的、通过专利优先权相联系的专利。❶ 张米尔等（2014）认为，正是由于技术专利从保护手段演变为竞争工具，才使得外围专利开始大量涌现并导致专利泡沫泛起，导致专利泡沫在电子信息、网络通信和生物医药等重要技术领域日益泛滥，外围专利给专利管理和科技评价带来新的困扰❷，对外围专利持否定的态度。可以看出：外围专利是围绕基础专利进行的改进技术或者专利族的形式表现的专利，是指某项技术专利并非制造某种产品的关键专利，但是为了制造和生产这类产品、提高产品性能、却需要使用到的专利。

（3）重要专利。杨铁军（2012）认为，重要专利是个相对概念，不是一个严格的法律概念，更多地表达了不同使用者基于不同目的对重要专利判断标准的差异化认知，即使具有相同的判断标准，由于方法和指标的差异，也会导致重要专利的筛选结果存在显著的不同。❸ 赵艳辉等（2015）认为，一般认为"重要专利"是指至少能满足下列条件之一的专利技术：第一，在本领域某项技术上具有一定的开创性或取得重要突破；第二，能够产生实际或潜在经济价值，得到行业认可或关注；第三，研发投入大、受重视程度高。可以通过技术价值、经济价值和受重视程度等三方面来构建相应指标进行评价。❹ 可以看出：重要专利更多地是指在某个目的下对现有专利的重要程度的评价，在一个技术领域中评价为重要程度高的专利。

（4）一般专利。肖沪卫和顾震宇（2011）将专利的价值及其重要性归纳为4个层次：一般专利、重要专利、关键专利和核心专利。❺ 一般专利是指在结构、技巧等方面进行改进或提高的专利。重要专利是指那些较为

❶ Huimin M, Hernandez J A. Price Skimming on a Successful Marketing Strategy: Study of Ipad Launching as Apple's Innovative Product [C]. Proceedings of the 8th International Conference on Innovation & Management. Japan, 2011: 389-393.

❷ 张米尔，孟珊珊，田影. 外围专利的测度方法及其应用研究 [J]. 科研管理，2014 (3): 155-160.

❸ 杨铁军. 专利分析实务手册 [M]. 北京：知识产权出版社，2012.

❹ 赵艳辉，李宏利，殷朝晖. 重要专利的筛选与分析 [C]. 2015年中华全国专利代理人协会年会第六届知识产权论坛2015，中国北京：20-30.

❺ 肖沪卫，顾震宇. 专利地图方法与应用 [M]. 上海：上海交通大学出版社，2011.

独特的、能有效阻止他人非法使用的专利。关键专利是指能够代表某技术领域的关键技术的专利。核心专利是指在某技术领域拥有绝对话语权的数量极少而分量很重的专利。一般专利也是对技术作出贡献的专利，也可能是单个技术的改进，抑或在复杂技术领域中的小改进。可以看出，一般专利是相对其价值及其重要性而言比较一般的技术改进或提高的专利。

（5）标准必要专利。标准必要专利是属于应用于标准中的专利技术，国际电信联盟（ITU）将标准必要专利界定为任何可能完全或部分覆盖标准草案的专利或专利申请。❶ 根据我国工业和信息化部电子知识产权中心的观点，标准必要专利指的是当标准化组织在制定某些标准时，部分或者全部标准草案由于技术上或商业上没有其他可替代方案，无可避免要涉及的专利或专利申请。❷ 可以看出，标准必要专利是围绕技术标准而言的，和技术标准紧密相关，是实现技术标准中必不可少的专利。

1.2.2 核心专利识别方法

最常见的核心专利识别方法是采用相关行业领域专家同行评议的方式，这是基于技术领域的专家的学识和经验来识别核心专利，如梁军（2011）提出，由相应领域的技术专家通过逐条阅读专利来完成核心专利的筛选，是比较适合的❸。该方法适合于技术密集型的行业，但是当面临海量专利文献时，此方法的弊端也明显，专家不可能对所有的专利文献进行详细的阅读，还需要邀请本领域的多位专家进行详细评分，当然，在其他的核心专利识别方法的基础上对海量的专利进行筛选后再次运用专家同行评议，从小范围内寻找到核心专利的方式是非常适合的。因此，如何从海量的专利文献中缩小范围就显得尤为重要。

目前，很多学者针对筛选方法做了一些尝试，从专利信息中包含的技

---

❶ International Telecommunication Union. Guidelines for Implementation of ITU – T Patent Policy [EO/BL]. [2017年5月12日]. http://www.itu.int/ITU – T/dbase/patent/files/glp20051102.pdf.

❷ 史少华. 标准必要专利诉讼引发的思考——FRAND原则与禁令 [J]. 电子知识产权, 2014 (1): 76.

❸ 梁军. 中国发明专利许可价值衡量指标研究 [J]. 电子知识产权, 2011 (5): 52 – 55.

术信息、法律信息和经济信息的角度构建核心专利识别的方法，抑或采用专利文献的特征构建各种识别方法。

基于专利引文的识别方法。❶ 专利引文是指专利引用和被引用的情况，包括引证与被引证，引证是专利引用其他文献，被引证是专利被其他文献所引用。在专利引证中更多的是体现专利申请人在申请时查询的背景技术或者是审查员在审查过程中引用的文献，这些都构成了专利的背景技术，也体现了技术的发展脉络；被引证则是专利被其他文献引证的情况，这个指标经常被用于研究专利的价值，认为被引证次数越高，专利价值越大。特拉伊滕贝格（Trajtenberg，1990）以电脑扫描产业为例，证明了专利引证指标与社会收益创新之间呈显著正相关性。❷ 哈霍夫（Harhoff，1999）认为，具有开创性的专利（与技术发现相关）被引用次数至少要达到6次，被引用次数的多寡表明开创性的程度。❸ 兰珠和塞汉克曼（Lanjouw & Sehankerman，2004）认为，同族专利数量可以反映发明的技术重要性，同族专利数量越多，发明的技术重要性越大❹。栾春娟（2008）将核心专利的被引频次实现了量化，其在分析世界数字信息传输技术领域的核心专利时，将被引频次在16次以上的前2000条专利记录定义为核心专利。❺

基于同族专利大小的识别方法。❻ 同族专利是专利技术在各个国家的分布情况。由于专利申请需要费用，而且国外申请费用很高，申请人基于经济、市场、技术等情况布局专利族，同族专利可以划分为简单同族和复杂同族，根据优先权的基础，划分为基于《巴黎公约》的同族专利和基于PCT的同族专利。瑞兹格（Reitzig，2002）认为，在欧洲申请同族专利的

❶ Narin F. Patent bibliometrics [J]. Scientometrics, 1994, 30 (1): 147 -155.

❷ Trajtenberg M. A Penny for Your Quotes: Patent Citation Sandthe Value of Inventions [J]. RAND Journal of Economics, 1990, 21 (1): 172 -187.

❸ Harhoff D, Narin F, Scherer F M, et al. Citation Frequency and the Value of Patented Inventions [J]. The Review of Economics and Statistics, 1999, 81 (3): 511 -515.

❹ Lanjouw J O, Sehankerman M. Patent Quality and Research Productivity: Measuring Innovation with Multiple Indicators [J]. Economic Journal, 2004, 114 (495): 441 -465.

❺ 栾春娟. 专利文献计量分析与专利发展模式研究——以数字信息传输技术为例 [D]. 大连：大连理工大学，2008.

❻ Harhoff D., Scherer F. M., Katrin V. Citations, family size, opposition and the value of patent rights [J]. Research Policy, 2003, 32 (8): 1343 -1363.

风险较大，如果有一个专利异议成功就有可能丧失所有成员方的专利权，因此欧洲的同族专利数量能很好地反映专利技术质量。❶

基于专利权利要求数量的识别方法。❷ 一项权利要求就是一项技术方案，权利要求数量的多少体现了专利包含的技术方案的数量，权利要求数量越多，技术方案就越多，解决同样的技术问题所采用的方案越多，技术的价值越高。童学森和戴维森（Tong & Davidson，1994）等认为权利要求数量越多，技术创新能力越强。❸ 李钊等（2017）以美国专利为例分析发现，在制药与健康、化学、电子、机械等领域，涉诉专利（高价值专利）比其他专利拥有更多的权利要求和被引证数❹，1990—2000 年美国涉诉专利平均权利要求数为 19.6 个❺。

基于 IPC 分类号的识别方法。❻ IPC 分类号的数量揭示专利技术覆盖范围大小，IPC 分类号分为主分类号和分类号两个著录项。IPC 分类号越多，其覆盖的技术范围越大，跨技术领域的可能性越大，所涉及技术领域越多，在更多技术领域可以运用，价值越大。张鹏等（2010）认为，可以将布拉德福离散定律应用到专利分析系统中，用于分析核心分类号、申请人和发明人，并通过计算机领域中国专利分类号分布情况加以验证，证明了可行性。❼ 李冶等（2016）提出了一种核心专利筛选评估模型，构建了定量和定性指标体系，为电力行业核心专利筛选提供了一种快速且准确的专利筛选方法。❽

---

❶ Markus Reitzig. Improving Patent Valuation Methods for Management – Validating New Indicators by Understanding Patenting Strategies [C]，2002：10 – 15.

❷❸ Tong X.，Frame J. D. Measuring national technological performance with patent claims data [J]. Research Policy，1994，23 (2)：133 – 141.

❹ 李钊，张何元，陈劲松. 引证频次与权利要求数在核心专利判别中的应用评析 [J]. 竞争情报，2017 (2)：24 – 29.

❺ Moore K A. Worthless Patents [J]. Berkeley Technology Law Journal，2005，20 (4)：1527 – 1552.

❻ 陆萍，柯岚馨. Innography 在学科核心专利挖掘中的应用研究 [J]. 图书馆工作与研究，2012 (8)：122 – 125.

❼ 张鹏，刘平，唐田田. 布拉德福定律在专利分析系统中的应用 [J]. 现代图书情报技术，2010 (Z1)：84 – 87.

❽ 李冶，王庆红，李达均. 基于二次分类方法的电力行业核心专利筛选评估模型 [J]. 中国发明与专利，2016 (10)：71 – 75.

基于多指标体系的识别方法。通过对上述指标进行组合，或再引入其他指标，构建多指标识别方法。张娴等（2011）通过层次分析法，从专利文献信息着手，构建一个三级指标体系来评价专利质量。该体系的一级指标包括专利技术特征、专利市场特征和专利法律特征，二级指标考察了技术涵盖范围、技术影响度、专利家族、专利法律状态等9个指标类别，同时又将这些指标类别细分成21个三级指标体系。然后通过德尔菲法对三级指标进行两两比较，得出权重排名列表，再通过组群决策运算得出各项分值计算公式，最终对各专利分值进行排序，选取分值较高的那些专利认为是核心专利。❶ 孙涛涛等（2012）将被引频次、同族专利大小和权利要求数量三种方法加以组合，形成一种新的识别核心专利的方法，并以乙肝防治技术为例验证了该方法的可行性。❷ 霍翠婷（2012）在通过考察影响企业核心专利价值评估的技术、法律、经济、企业与环境等五方面因素后也构建了一个识别企业核心专利的指标体系，该体系分4个属性特征共21个分析指标，通过对每个分析指标赋值，将各项指标得分计算结果作为判定核心专利的依据。❸ 李娟等（2020）采用层次分析法（AHP）和熵权法分别计算各项指标权重，然后结合两种方法的贡献度修正指标权重，最终确定专利的综合价值度评估模型，并以丰田开放的中国发明专利进行实例验证。❹

谢萍等（2015）提出核心专利综合价值指数（CICP）的概念，并采用粗糙集理论方法确定了CICP指标权重系数，在构建核心专利综合评价指标的基础上，通过计算CICP值识别核心专利，最后从风能领域1802件专利中识别出了10件核心专利，识别结果较为准确。❺ 袁润和钱过（2015）

---

❶ 张娴，方曙，肖国华．专利文献价值评价模型构建及实证分析［J］．科技进步与对策，2011（6）：127－132．

❷ 孙涛涛，唐小利，李越．核心专利的识别方法及其实证研究［J］．图书情报工作，2012，56（4）：80－84．

❸ 霍翠婷．企业核心专利判定的方法研究［J］．情报杂志，2012（11）：95－99．

❹ 李娟，李保安，方晗，等．基于AHP—熵权法的发明专利价值评估——以丰田开放专利为例［J］．情报杂志，2020，39（5）：59－63．

❺ 谢萍，钱过，袁润．基于粗糙集理论的核心专利识别研究［J］．情报杂志，2015（7）：34－38．

也采用粗糙集理论确定了包含8个指标的核心专利识别指标体系，再用粗糙集理论分析专利信息数据，确定各指标的权重系数，按照计算的核心专利综合价值指数大小将某特定技术领域的专利信息序列分为核心专利、关键专利、重要专利和一般专利。❶ 李广凯等（2015）从技术、法律、经济三方面的指标入手，将从电力行业的行业技术特点入手，分析将专利标准化指标引入电力行业核心专利识别综合分析指标体系的必要性，并构建基于专利标准化指标的电力行业核心专利识别综合分析指标体系。❷ 李钊等（2017）针对引证频次与权利要求数在核心专利判别中的应用进行评析，提出引证频次指标应注意“细化分解”使用，权利要求数指标更强调依据技术或产业阶段特性使用提出“确定阈值、考虑技术阶段与所处位置、细化分解、研究曲线关系和各指标间关系”5个核心专利指标的应用研究重点方向。❸

专利共类分析和政府投资背景分析法。❹ 专利共类分析方法是专利分析中特有的一种分析方法，来源于文献计量学中的共现，该分析法通过专利分类号间的共现关系构建共现数据，导入Ucinet或Pajek等社会网络分析工具，计算节点中心度——中介中心度，通过该方法识别出中介中心度较高的节点，其对应的分类号为核心专利分类号。通过查阅核心专利分类号的含义，得出核心的技术领域，拥有核心技术领域分类号的专利则为核心专利。

政府投资背景分析法。该方法基于各国政府对于前瞻性技术或新兴技术都会提供资金予以支持，尤以美国政府为代表。一般来说，在美国专利中，具有美国政府投资背景的项目研发产出的专利技术在申请专利时，会在专利说明书中注明是政府投资专利，通常是专利说明书正文的第一项，标注“Statement of Government Interest”或者“Statement of Government

---

❶ 袁润，钱过．识别核心专利的粗糙集理论模型［J］．图书情报工作，2015（2）：123－130.

❷ 李广凯，文毅，曾倩莹．基于专利标准化指标的电力行业识别核心专利综合分析体系研究［J］．中国发明与专利，2015（10）：37－42.

❸ 李钊，张何元，陈劲松．引证频次与权利要求数在核心专利判别中的应用评析［J］．竞争情报，2017（2）：24－29.

❹ 祁延莉，刘西琴．核心专利识别方法研究［J］．情报理论与实践，2016（11）：5－9.

Rights”，指明该专利是由哪个或哪几个政府项目研发产生的，并注明各项目编号。利用上述信息，就可以识别出美国政府投资支持的专利技术。该方法认为，具有美国政府投资背景的专利很可能就是核心专利。

还有部分指标不能用于单一指标识别和指标组合识别中，但其在指标体系分析中占有较高权重，如主要申请人、申请人和发明人数量、专利实施、专利许可和专利诉讼等。其中主要申请人、申请人和发明人数量经常和其他指标组成识别指标体系。另外专利实施、专利许可和专利诉讼这三个指标比较特殊，这些指标并不是每件专利都会有，专利实施和专利许可都属于专利运用的范畴，专利实施的范围比较广泛，专利权人自己实施、许可给他们实施都属于专利实施范畴，专利许可则是专利权人把自己的专利许可给他人使用，包含独占许可、排他许可和普通许可等形式。能进行专利实施或专利许可的专利可以肯定具有经济价值，但是其技术不一定是最先进的，从其经济属性而言，这些专利可以被认为是企业的核心专利。而专利诉讼则体现了专利保护的特性，专利权人通过司法途径向侵权人要求停止侵权，赔偿损失。同时，专利诉讼是一项专业性很强的工作，涉及权利稳定性评价、侵权证据收集、提出合适的诉讼请求、确定诉讼策略和法庭辩论等工作，如果专利权人针对相关专利提起诉讼，可以认为，此项专利非常重要，经济价值较高，属于核心专利范畴。

1.2.3 专利司法保护理论

专利的本质在于公开换取保护，只有在严格保护条件下，专利才能更好地发挥价值。因此，专利司法保护是极其重要的环节，专利司法保护也是学者们研究的重点。专利司法保护主要涉及法律制度问题，专利制度作为民法制度的一个分支，与民法制度有着许多共同的理论基础，知识产权法研究应该尝试在传统民法理论中论证其合理性基础及知识产权与传统民法的逻辑一致性❶，专利司法保护的研究主要在以下几个方面。

---

❶ 徐瑄．知识产权的正当性——论知识产权法中的对价与衡平［J］．中国社会科学，2003（4）：144－154.

（1）专利司法保护的制度。专利司法保护制度主要来源于《专利法》，《专利法》对专利的权利范围作了规定，对侵犯这些权利时需要承担何种法律责任也作了明确规定，法律制度的历次修改体现了对专利的保护趋于严格，惩罚性赔偿制度的引入，就是很好的证明。保罗（Paul，2006）认为，专利侵权包括严格责任、过失和故意侵权，需要区分过失和故意侵权的责任，并根据不同的诉因提供不同的损害赔偿。❶ 陈锦川（2015）提出，我国专利确权制度中存在审理周期过长、司法裁判非终局性、无效宣告请求的非正常利用的问题；在专利权保护力度与商业化维权方面，存在赔偿数额偏低、行为保全措施的作用受到制约的问题。❷ 孔祥俊（2015）认为，当前的知识产权司法保护态度应当理性成熟，其深入阐述了正确处理与国际经贸交往的关系、进一步增强知识产权保护制度认同感、构建体现我国创新发展利益诉求的话语权。❸ 肖帕尔（Chopard）等（2015）分析了2007年《法国知识产权法典》中引入的两项损害规则（即利润损失与不当得利），提出不当得利规则为专利权人提供了更高的损害赔偿，而利润损失比不当得利对侵权行为具有更大的威慑力。❹ 张鸿武和钟春平（2016）认为，中国的知识产权保护立法已经达到发达国家水平，而执法水平远远不足。❺ 丁文杰（2019）提出，在专利侵权问题上采取的是无过错责任原则，但是在损害赔偿责任方面，无论是对于制造者还是销售者，专利法采取的都是过错责任原则，制造者比销售者和使用者负有更高的注意义务。❻

（2）针对诉讼所包含的法律问题。诉讼过程是漫长的，包含了无效宣告的程序、侵权认定标准、不侵权的抗辩、归责原则认定标准和赔偿数额

❶ Paul, S. Willful patent infringement: theoretically sound? A proposal to restore willful infringement to its proper place within patent law [J]. University of Illinois Law Review, 2006 (3): 660-687.

❷ 陈锦川. 从司法角度看专利法实施中存在的若干问题 [J]. 知识产权, 2015 (4): 14-19.

❸ 孔祥俊. 当前我国知识产权司法保护几个问题的探讨——关于知识产权司法政策及其走向的再思考 [J]. 知识产权, 2015 (1): 3-15.

❹ Chopard B, Cortade T, Langlais R. Damage rules and the patent hold-up problem: Lost Profit versus Unjust Enrichment [J]. Revue Déconomie Politique, 2015, 124 (4): 519.

❺ 张鸿武, 钟春平. 知识产权保护还是R&D补贴? ——提升中国工业技术创新能力的公共政策选择 [J]. 东南学术, 2016 (2): 55-67.

❻ 丁文杰. 专利侵权中的归责原则及其司法适用——美国3M公司诉山东双球防护器材有限公司侵犯专利权纠纷案 [J]. 中国发明与专利, 2019, 16 (3): 113-115.

的计算等方面。夏皮罗（Shapiro，2010）认为，专利权使用费是在专利诉讼的阴影下进行谈判的，这将决定专利是否有效和被侵权的程度。❶ 张玲（2012）认为，过错推定责任原则不能作为专利侵权赔偿损失的一般归责原则，专利侵权属于一种特殊侵权，在归责原则上不应适用过错责任原则。❷ 朱冬（2016）认为，对分摊原则的不同态度构成了美国专利损害赔偿方法发展的主线，现代美国专利损害赔偿中对分摊原则的强调源于IT产业的特殊政策考量。❸ 朱雪忠和李闯豪（2018）提出，我国在专利诉讼中要借鉴美国的专利间接侵权的默示许可抗辩来加强对专利权人合法利益的考量。❹ 宋健和张晓阳（2018）认为，在专利诉讼中需要充分利用禁止反悔原则来抗辩。❺

（3）专利损害赔偿数额的计算。如果被控产品被认定为侵权，则如何计算损害赔偿数额是最重要的问题，这方面也是学者研究最多的议题。考克斯和塞普提斯（Cox & Sepetys，2009）对北京、上海两地的知识产权诉讼案件的回归分析证明，外国籍原告更易获得较高的赔偿数额。❻ 马泽奥等（Mazzeo，et al.，2013）认为，专利侵权裁决通常被认为是不可预测的，专利可能导致不当得利并阻碍技术的进步。❼ 潘蓉（2012）发现日本与欧美国家相似，计算标准由专利权人提出，法律没有规定使用顺序，而我国则规定了需以“所失利润—合理许可费—侵权者所获利润—法定赔偿额”顺位关系选择，但利润损失的计算标准却低于“边际利润”标准，因

❶ Shapiro，C. Injunction，hold - up，and patent royalties [J]. American Law and Economics Review，2010，12（2）：509 - 557.

❷ 张玲. 论专利侵权赔偿损失的归责原则 [J]. 中国法学，2012（2）：119 - 130.

❸ 朱冬. 分摊原则与美国药品专利损害赔偿方法的转向 [J]. 法律方法，2016，20（2）：303 - 312.

❹ 朱雪忠，李闯豪. 美国专利间接侵权默示许可抗辩的反思与借鉴 [J]. 法律科学（西北政法大学学报），2018（2）：179 - 190.

❺ 宋健，张晓阳. 关于专利侵权诉讼中适用禁止反悔原则的几个问题 [J]. 法律适用（司法案例），2018（8）：49 - 55.

❻ Alan J. Cox，Kristina Sepetys. Intellectual Property Rights Protection in China：Trends in Litigation and Economic Damages [EB/OL]. [2017 - 09 - 25]. http：//www. nera. com/extImage/PUB_IPR_Protection_China_0109_final. pdf.

❼ Mazzeo M J，Hillel J，Zyontz S. Explaining the “unpredictable”：An empirical analysis of U. S. patent infringement awards [J]. International Review of Law and Economics，2013（35）：58 - 72.

此，这种顺位关系是否合理值得商榷。[1] 吴汉东（2016）提出，我国立法设置了数量计算方法（实际损失、侵权所得、许可费倍数）和自由裁量方法（法定赔偿），在以往司法实践中，存在着法定赔偿方式适用过多与损害赔偿数额认定较低的问题，需要以知识产权的“合理价值”即“成本+收益”作为裁判基础，以自由选择为基础的认定方式、以市场价值为基础的全面赔偿、以权利类分为基础的损害计量、以补偿性赔偿为基础的赔偿机制。[2] 朱理（2017）认为，分摊原则是在多部件、多专利的复杂产品背景下计算专利侵权损害赔偿数额的重要方法，也必须根据个案选择适宜的具体计算方法。[3] 刘影（2017）介绍了日本标准必要专利损害赔偿的计算方法，要求具体计算需要符合 FRAND 承诺的专利许可费的同时，为防止专利许可费堆叠问题，使用“设定峰值法”。[4] 胡晶晶（2018）提出，参照《德国民事诉讼法》第287条“赔偿额确定制度”来平衡专利权人对损害范围所要求的证明高度，认为当事人对于损害范围的证明无须达到具体的程度，证明损害的发生以及大致范围即完成了证明责任，根据责任再计算赔偿额。[5] 易继明（2018）提出完善证据及技术事实查明制度、损害赔偿的确定机制和执行制度、重复侵权的惩罚机制。[6]

1.2.4 专利司法保护经济学分析

专利保护的法哲学基础是经济激励理论[7]，吉纳特（Ginarte）和帕克

[1] 潘蓉. 中日专利侵权法律制度比较研究 [D]. 济南：山东大学，2012.

[2] 吴汉东. 知识产权损害赔偿的市场价值基础与司法裁判规则 [J]. 中外法学，2016，28（6）：1480－1494.

[3] 朱理. 专利侵权损害赔偿计算分摊原则的经济分析 [J]. 现代法学，2017，39（5）：54－62.

[4] 刘影. 日本标准必要专利损害赔偿额的计算——以“Apple Japan vs. Samsung”案为视角 [J]. 知识产权，2017（3）：99－104.

[5] 胡晶晶. 德国法中的专利侵权损害赔偿计算——以德国《专利法》第139条与德国《民事诉讼法》第287条为中心 [J]. 法律科学（西北政法大学学报），2018（4）：190－200.

[6] 易继明. 我国知识产权司法保护的现状和方向 [J]. 西北大学学报（哲学社会科学版），2018，48（5）：50－63.

[7] Robert P. Merges，Peter S. Menell and Mark A. Lemley. Intellectual Property in the New Technological Age [M]. 5th Ed. New York，USA：Aspen Publishers，2010.

(Park, 1997) 以知识产权范围、签署国际条约数、权利保护持久时间、执法机制以及限制这五项指标作为变数，运用回归模型去评估该国专利制度的完整度[1]。学者们对专利司法保护从经济学、管理学等视角开展了相关研究。

(1) 通过专利诉讼数据特征发现诉讼过程中涉诉专利、涉诉主体、国家保护水平、保护强度等。许春明和单晓光 (2008) 从司法保护水平、行政保护水平、经济发展水平、社会公众意识以及国际监督五个维度量化了知识产权执法强度，最终得到知识产权保护强度 = 知识产权立法强度 × 知识产权执行强度。[2] 艾莉森 (Allison) 等 (2009) 从行业角度提出，半导体产业及化学产业面临显著更多的专利诉讼。[3] 董雪兵等 (2012) 提出，对于处于转型期的中国而言，短期内较弱的知识产权保护程度有利于经济增长，而较强的知识产权保护程度则有碍于经济增长；在长期均衡的状态下，较强的知识产权保护程度确实可以促进经济增长。[4] 詹映 (2013) 引入三项可以反映国家知识产权执法力度的指标：(1) 世界经济论坛发布的《全球竞争力报告》调查得出的各国知识产权保护实施指数；(2) 全球法治指数——执法力度指标；(3) PC 软件盗版率，来探讨知识产权保护的强度。[5] 李黎明 (2016) 认为“入世”后我国专利司法保护强度逐年下降，2010 年开始进入稳步增长阶段，专利司法保护与产业经济发展呈倒 U 型关系。[6] 毛昊等 (2019) 讨论了中国专利保护“双轨制”的发展演化路径，运用 2011—2016 年中国专利司法和行政保护的微观数据，发现中国专

[1] Ginarte J. C., W. G. Park. Determinants of patent rights: A cross - national study [J]. Research Policy, 1997 (26): 283 - 301.

[2] 许春明，单晓光. 中国知识产权保护强度指标体系的构建及验证 [J]. 科学学研究, 2008 (4): 715 - 723.

[3] Allison J, Lemley M, Walker J. Extreme value or trolls on top? Evidece from the most - litigated patents [J]. University of Pennsylvania Law Review, 2009, 158 (1): 1 - 37.

[4] 董雪兵，朱慧，康继军，等. 转型期知识产权保护制度的增长效应研究 [J]. 经济研究, 2012 (8): 4 - 17.

[5] 詹映. 我国知识产权保护水平的实证研究——国际比较与适度性评判 [J]. 科学学研究, 2013 (9): 1347 - 1354.

[6] 李黎明. 专利司法保护与产业经济发展的倒 U 型关系——测度与事实 [J]. 科学学研究, 2016, 34 (6): 841 - 849.

利行政保护中具备裁定结果的案源质量高于司法，借助低质量专利实施的诉讼已经涌入国家司法系统，司法和行政执法两类保护模式在创新激励过程中总体呈现显著互补效应，当行政执法增长未能实现对于司法保护的有效补充时，双轨制的创新激励作用也将显著降低。❶

（2）利用专利诉讼数据探讨专利诉讼对于企业融资、创新及经营绩效的影响。赖特（Wright，2001）研究表明，惩罚性赔偿将在很大程度上遏制企业恶意侵犯专利权的行为，企业的故意侵权行为会减少。❷ 雪莉和提斯（Sherry & Teece，2004）认为如果法院采用许可费率规则计算赔偿额，且许可费率较高，侵权企业会倾向于采用诉讼和解策略，与专利权人达成专利许可协议。❸ 瑞兹格等（Reitzing et al.，2007）提出，发达国家的专利侵权损害赔偿评估主要有三种参考标准：权利人所失利润、合理许可费、侵权者所获利润（不当得利），美国和法国主要以前两种标准为依据，而在英国、德国综合采用了三种参考标准。❹ 崔（Choi，2009）研究发现，当产品销量较大时，采用侵权者所获利润规则计算赔偿额对侵权企业的打击力度很大，因此，在一些专利密集型的产业，部分企业会因惧怕赔偿而选择退出市场。❺ 王建华和马双燕（2015）认为，除非国家知识产权保护水平很强，否则“损失利润”规则进行侵权赔偿也是符合专利权人利益的最优选项。❻ 尹志锋和梁正（2015）区分诉讼主体特征以及诉讼策略与专

❶ 毛昊，陈大鹏，尹志锋．中国专利保护“双轨制”路径完善的理论分析与实证检验［J］．中国软科学，2019（9）：1－17．

❷ Wright J E. Willful patent infringement and enhanced damages—evolution and analysis［J］Geo. Mason L. Rev.，2001（10）：97.

❸ Sherry E F.，Teece D J. Royalties，evolving patent rights，and the value of innovation［J］. Research Policy，2004（33）：179－191.

❹ Reitzig M.，Henkel J.，Heath C. On sharks，trolls，and their patent prey—unrealistic damage awards and firms' strategy of “being infringed”［J］. Research Policy，2007（36）：134－154.

❺ Choi J P. Alternative damage rules and probabilistic intellectual property rights：Unjust enrichment，lost profits，and reasonable royalty remedies［J］. Information Economics and Policy，2009（21）：145－157.

❻ 王建华，马双燕．中国专利法侵权赔偿顺位规则：基于经济学视角［J］．产业经济评论，2015（4）：48－67．

利侵权赔偿额的相关性，还对案件的区域属性作了研究。[1] 吴超鹏和唐药（2016）认为，政府加强知识产权保护执法力度，可以提升企业创新能力。[2] 贺宁馨和董哲林（2018）提出，我国法定赔偿额的参考因素覆盖了其他三种专利侵权赔偿额的参考因素，具有一定积极作用，大幅提高法定赔偿额及增加惩罚性赔偿，专利保护明显增强，企业更倾向于选择自主创新的专利策略。[3] 尹志锋（2018）提出，专利诉讼经历能够有效激励涉诉企业进行研发投入、持有更多有效专利，并促使企业建立专门的知识产权管理机构，投入更多资金进行专利运营管理。[4]

（3）讨论非专利实施主体（Non-Practicing Entities，NPEs）的专利问题。非专利实施主体一般指的是通过购买、合作、研发、资助等方式获取专利，自身不直接使用相关专利技术进行产品生产，而是对这些专利进行整合，以专利交易、专利融资、提供风险管理、诉讼勒索等手段来获取经济利益的实体。什雷斯塔（Shrestha，2010）、费舍尔和亨克尔（Fischer & Henkel，2011）的研究发现，总体而言 NPEs 为了立足市场，会努力筛选和整合质量高的专利。[5][6] 特纳等（Turner et al.，2013）从理论和实证方面论证了 NPEs 诉讼行为对下游生产企业的影响，发现 NPEs 不但损害了下游生产者的利益，还造成了社会福利的损失，NPEs 发起的诉讼可能会中断生产企业的创新过程，陷入诉讼中的生产企业为了避免被法院裁定侵权行为扩大化，不愿意在此基础上进行进一步创新。[7] 程永顺和吴莉娟（2013）

---

[1] 尹志锋，梁正．我国专利侵权诉讼赔偿额的影响因素分析［J］．中国软科学，2015（12）：12-24.

[2] 吴超鹏，唐药．知识产权保护执法力度、技术创新与企业绩效——来自中国上市公司的证据［J］．经济研究，2016（11）：125-139.

[3] 贺宁馨，董哲林．专利司法保护对企业专利决策的影响机理研究［J］．科学学研究，2018，36（3）：456-463.

[4] 尹志锋．专利诉讼经历与企业技术创新战略［J］．世界经济，2018，41（10）：170-192.

[5] Shrestha S K. Trolls or market-makers? An empirical analysis of nonpracticing entities［J］. Columbia Law Review，2010，1（10）：114-160.

[6] Fischer T.，Henkel J. Patent trolls on markets for technology：An empirical analysis of NPEs' patent acquisitions［EO/BL］.［2011-04-28］. https：//ssrn. com/abstract=1523102.

[7] Turner J L.，Bessen J E.，Neuh usler P. The costs and benefits of United States Patents［J］. Social Science Electronic Publishing，2013，5（4）：595-599.

据此指出，尽管专利蟑螂在中国的认定还处于灰色地带，但市场上大量闲置专利、问题专利为专利蟑螂的产生、滋长提供了土壤。加之中国公众专利意识不强、缺乏研发保障，容易成为专利蟑螂的攻击对象。进一步，随着国内技术合同法案逐步完善、专利保护水平逐级增强、专利侵权赔偿金额逐步增长，滋生于中国的专利蟑螂必将呈现不可逆转的发展态势。[1] 多年的市场运行实践表明，中国实际上并未遭遇大规模专利蟑螂侵扰，易继明和孙远钊认为，美国专利蟑螂的泛滥，有其专利授权制度和民事诉讼制度上的特殊诱因；中国专利侵权判赔金额较低，缺少专利故意侵权的3倍赔偿规定，专利侵权民事诉讼制度总体上有利于被告，因此，传统专利蟑螂没有盈利空间。[2][3] 毛昊等（2017）认为中国可能存在的本土专利蟑螂所发起的诉讼主要集中在传统制造行业，具有多次发起、低赔偿额、低诉讼摩擦性、高胜诉比率等基本特征。[4] 何丹（2018）认为各国法院对禁令的适用原则不一致，主要适用衡平法原则、FRAND原则和过错责任原则，学界则多从反垄断法与反不正当竞争法视角论述，对象相对单一，法院在适用禁令时当以善意原则、FRAND前置原则、利益平衡原则及禁令最后救济原则进行综合考察。[5] 洪结银等（2019）认为频繁的专利诉讼增加了相关市场运行成本，引起了各国政府的普遍关注，各国纷纷采取各种举措意图减少专利滥用行为。[6]

---

❶ 程永顺，吴莉娟．“专利地痞”在中国的现状评述及对策研究［J］．知识产权，2013（8）：3－13．

❷ 易继明．遏制专利蟑螂——评美国专利新政及其对中国的启示［J］．西北政法大学学报，2014（2）：174－183．

❸ 孙远钊．专利诉讼“蟑螂”为患？——美国应对“专利蟑螂”的研究分析与动向［J］．法治研究，2014（1）：74－84．

❹ 毛昊，尹志锋，张锦．策略性专利诉讼模式：基于非专利实施体多次诉讼的研究［J］．中国工业经济，2017（2）：136－153．

❺ 何丹．非专利实施体标准必要专利诉讼中禁令的适用原则［J］．时代法学，2018（2）：113－121．

❻ 洪结银，封曾陟，陶爱萍．真的都是“专利流氓”吗？——如何正确看待NPEs［J］．情报杂志，2019，38（4）：29－36．

1.2.5 研究评述

目前，还没有统一的核心专利的内涵和外延的界定，众多学者从理论上对基本专利、外围专利、重要专利、一般专利、标准必要专利等术语进行整理梳理，探讨其与核心专利之间的差异。国外的研究更多的是围绕标准必要专利、专利价值和专利质量展开，研究的同时对核心专利有所提及。

最常见的核心专利识别方法是采用相关行业领域专家同行评议的方式，很多学者针对筛选方法做了一些尝试，构建核心专利识别的方法，如基于专利引文的识别方法，基于同族专利大小的识别方法，基于专利权利要求数量的识别方法，基于IPC分类号的识别方法，以及这些方法的组合。研究表明，专利引文、同族专利、权利要求数量、IPC分类号的指标都能用作核心专利挖掘的指标，其中，专利引用指标的基本假设为高频被引用的专利是核心专利，在此假设被引用数量是显著的正相关；认为专利族大的专利是核心专利，在此假设专利族数量是显著的正相关；权利要求数量与技术创新能力正相关，在此假设权利要求数量与核心专利是显著的正相关；IPC分类号与核心专利是显著的正相关。

专利文献还拥有其他的数据项，如发明人数量和文献页数，专利的法律状态指标，如专利权利转移、专利许可和专利质押等。说明书页数、附图页数和摘要字数在逻辑回归中不显著，即其在核心专利挖掘中所起作用非常小，在此采用文献页数来代替上述说明书页数、附图页数等指标。上述指标可以分为专利静态与专利动态两大类，专利静态指标代表专利文献自身属性，专利动态指标代表专利活动属性。专利文献自身属性还有专利说明书、说明书摘要、说明书附图等，专利活动还包括专利变更、专利复审、专利无效等。本书将针对上述专利静态和专利动态指标进行理论和实证研究。

现有研究从专利司法保护的制度、诉讼抗辩、损害赔偿等法律问题开展了深入的研究，专利司法保护理论方面的研究成果丰富，而专利司法保护强度理论和实证以及法经济学的研究才刚刚起步，现有研究围绕着下面三个方面展开：第一，研究法条的立法目的，专利诉讼产生的机制，国外相关立法，专利赔偿额的影响因素的法律基础等相关法学问题；第二，对专利司法保护强度理论与实证进行研究；第三，对专利司法保护进行法经济学研究。

现有研究还没有从社会网络分析角度出发研究专利诉讼网络特征，专利诉讼包含了原告、被告、代理律师、法官和法院等信息，对这些信息可以基于社会网络分析方法，找到各个变量以及它们之间的相关关系，就可以构建相关的网络，进而考察其属性及特征。

还存在着以下研究方向：第一，核心专利识别指标体系的理论和实证研究；第二，对核心专利司法保护强度的影响因素进行全面考察，如专利诉讼本身属性，即一审、二审、再审的区别，诉讼策略的选择对专利司法保护的影响；第三，企业对核心专利的管理和保护的研究。在数据的基础上结合分析专利价值、保护网络、律师作用、企业核心专利管理策略，向创新主体提供策略建议，从而实现创新驱动发展的战略目标。

1.3　研究方法

本书将综合运用管理学、经济学、社会学和统计学等相关学科的理论，拟采取理论研究与文献分析、实证研究与比较研究、调查分析、案例分析等多种研究方法。

本书的研究方法主要包含以下几方面内容。

（1）社会网络分析方法。通过对社会网络分析方法基础理论的解析，构建适合于分析核心专利司法保护的模型，并运用此模型来分析核心专利司法保护数据，从而得到核心专利司法保护网络，对其网络特征进行解析。

（2）比较研究法。针对核心专利司法保护所存在的问题，比较域外核心专利司法保护的理论与实践，从而为促进我国核心专利的司法保护提供相应对策。

（3）理论模型研究。构建核心专利识别指标模型，构建基于诉讼的核心专利价值模型，构建核心专利司法保护律师作用模型，构建核心专利司法保护对企业专利管理策略的影响研究模型。

（4）实证研究。运用新能源汽车领域专利数据进行核心专利识别指标模型实证研究，运用社会网络分析方法来对专利司法保护数据进行分析，构建专利司法保护网络。运用 Darts - IP 数据库福建省 2009—2017 年法院司法文书作为研究数据进行核心专利价值、核心专利司法保护律师作用和核心专利司法保护对企业专利管理策略的影响实证研究。

1.4 基本框架

本书针对核心专利管理与保护开展研究，将首先考察核心专利识别指标理论和实证，研究企业核心专利管理；进而研究核心专利司法保护理论与实证，构建基于诉讼的核心专利价值模型，构建专利司法保护网络，构建核心专利司法保护律师作用模型，构建核心专利司法保护对企业专利管理策略的影响研究模型，并进行实证研究，从而为企业核心专利司法保护提供策略。本书的研究思路与结构框架如图 1. 1 所示。

具体安排如下：

第 1 章：简要概述本书的研究背景及意义、文献综述和研究方法。

第 2 章：核心专利识别指标理论研究。

第 3 章：核心专利识别指标实证研究。

第 4 章：企业核心专利管理，研究核心专利支撑产业创新、引导产业发展。

第 5 章：核心专利司法保护理论与实证研究。运用 Darts - IP 数据库福建省 2009—2017 年法院司法文书作为研究数据进行描述性统计分析。

第 6 章：基于诉讼的核心专利价值研究。考察诉讼活动对核心专利价值的影响，哪些因素对其影响显著。

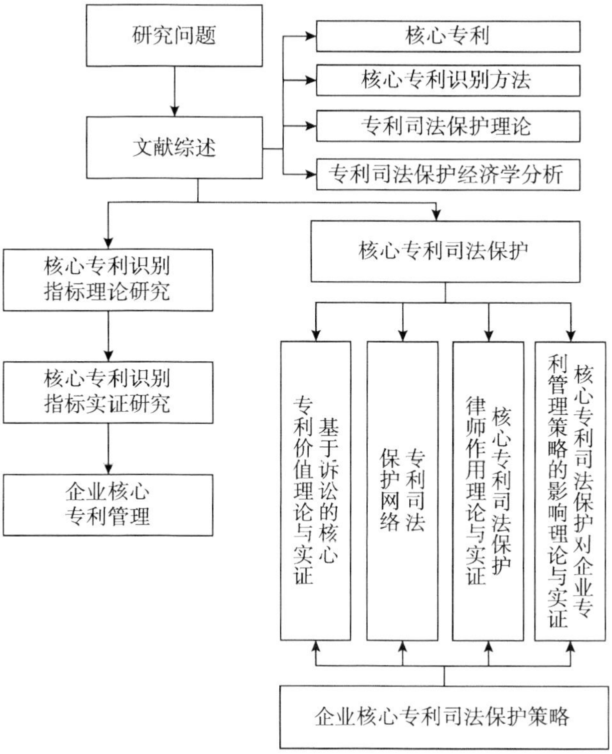

图 1.1　本书的研究思路与结构框架

第 7 章：核心专利司法保护网络研究。考察专利地域网络、律师网络、法官网络的特征。

第 8 章：核心专利司法保护律师作用研究。考察律师的特征对核心专利诉讼的影响。

第 9 章：核心专利司法保护对企业专利管理策略的影响研究。考察核心专利司法保护的胜诉率和赔偿额对企业专利管理的策略的影响。

第 10 章：核心专利司法保护策略研究。

第 11 章：本书的结论、创新点与展望，该部分对本书的研究内容进行总结，展望部分指出了未来的研究方向。

第2章　核心专利识别指标理论研究

法律上对专利的划分分为发明专利、实用新型专利和外观设计专利，实际运用上学术界提出有基本专利、外围专利、重要专利、一般专利、标准必要专利等术语。如何区分这些术语之间的差异，归纳整理出核心专利的特征，确定比较科学的核心专利定义显得尤其重要。对现有专利评价指标进行梳理，包含专利实力记分卡、Ocean Tomo 300th指数、专利强度、专利价值分析指标体系、美国CHI专利评价指标等专利价值评价指标，对指标进行详细描述，分析其优缺点。基于识别指标构建核心专利识别指标理论模型。

2.1　核心专利

2.1.1　内涵与外延

专利的表述术语众多，首先比较核心专利与基本专利、外围专利、重要专利、一般专利、标准必要专利以及核心技术等的区别和联系。

核心专利与基本专利。基本专利是基础性、先导性的核心专利，其体现的是基础性，而核心专利是某个技术领域中处于核心地位的专利。基本专利往往都是核心专利，但是随着技术的发展，在前期基础专利上发生的改进专利，往往能获得市级以上的成果，此时改进专利也属于核心专利。随着时间的推移，基本专利往往会失效，此时的基本专利就不属于核心专利。因此，基本专利是技术发展初期的核心专利，核心专利是在某一时期的核心专利。

核心专利与外围专利。外围专利是围绕着基础专利进行的改进技术或者以专利族的形式表现的专利，外围专利中处于核心地位的专利属于核心专利，不处于核心地位的专利还是属于外围专利，二者之间有重叠的部分。

核心专利与重要专利。重要专利更多地是指在某个目的下对现有专利的重要程度的评价，在一个技术领域中评价出重要程度高的专利。可以说，重要专利和核心专利在内涵和外延上最为近似，区别在于重要专利在于目的导向和选取的要求紧密联系。比如 4G 领域的重要专利，涉及专利的申请人和地域问题，LTE 技术标准和 WirelessMAN - Advanced 两种技术都能实现 4G，LTE 中的重要专利相对于 WirelessMAN - Advanced 就不是重要专利，但是 LTE 中的核心专利属于 4G 的核心专利，WirelessMAN - Advanced 的核心专利还是属于 4G 的核心专利。因此，核心专利是紧密围绕着技术领域而言，而重要专利是围绕着选择标准而言。

核心专利与一般专利。一般专利是相对其价值及其重要性而言，比较一般的改进或提高的专利，核心专利与一般专利某种程度上表现的是对应关系，不属于核心专利的可以归入一般专利的范畴。

核心专利与标准必要专利。标准必要专利是围绕着技术标准而言的，是实现技术标准中必不可少的专利，而技术标准是实现整个技术的内容，其中还涉及替代技术、产品的周围技术，此时的周围技术就不能被作为核心专利对待。因此，核心专利与标准必要专利之间有重叠，有交叉的部分。

核心专利与核心技术。首先并非所有核心技术都申请专利保护，某些机构对某项领先技术采取保密措施而选择不申请专利，因为专利只在一定年限内受法律保护，过期失效后技术就必须公开了。于是这些非专利的重要技术就成为保密技术，如可口可乐秘方。但是绝大部分技术领域的核心专利都能代表该行业的核心技术动向，同样核心技术的技术要点属性可以通过其申请的核心专利反映出来。所以通过识别核心专利，并进一步解析该核心专利，便可实现突破或掌握某项技术要点的目的。因此，核心专利代表核心技术，但并不都有核心专利与核心技术相对应。

2.1.2 核心专利的特征

通过上述分析，可以大致概括核心专利的特征：第一，核心专利是针对某个技术领域而言的；第二，核心专利体现的是核心技术；第三，核心专利表现的是高市场价值；第四，核心专利具有高竞争力。

就核心专利本身的属性而言，又有以下特征。

第一，核心专利一般引用的专利少，而被引用频次较高；第二，核心专利的专利家族数较大，因为核心专利垄断了核心技术后会尽最大可能占领更多的市场，因而会在更多国家进行申请；第三，核心专利权要求数量会比较多；第四，核心专利的申请更受重视，申请人和发明人数量较多；第五，核心专利更容易引起专利纠纷或出现交叉许可现象；第六，核心专利被引入技术标准的可能性高；第七，核心专利的维持年限比较长。

本小节对专利的几个术语进行分析，并重点对核心专利的定义和特征作了分析，与其他术语进行比较分析，认为核心专利是某个技术领域的高竞争力、高价值的核心技术。

2.2 核心专利识别指标理论

国内外对于专利价值评价指标的研究比较多，通过对专利价值的评价来评估高价值专利，进而体现为核心专利，现有的专利价值评价指标主要体现为专利实力记分卡、Ocean Tomo 300th 指数、专利强度、专利价值分析指标体系等。本章将对现有核心专利评价指标进行说明与分析，介绍国内外现有的评价指标。

2.2.1　专利实力记分卡

专利实力记分卡（Patent Power Scorecard）由美国电子和电气工程师协会（IEEE）旗下《IEEE SPECTRUM》杂志发布，它的评选对象包括全世界范围内的公司、大学、科研机构以及政府机构等组织，其分类评比的标准以行业为基准，对行业内部的所有组织进行评比，每次发布的榜单共有 17 种，包括航空航天和国防、汽车及零部件、生物医药、化学、通信/网络设备、通信/网络服务、计算机设备和存储、计算机软件、计算机系统、电子产品、医疗器械、科学仪器、半导体设备制造、半导体制造、综合型企业、政府机构、大学/教育/培训。

专利实力记分卡以技术加权后的专利组合规模作为衡量依据，综合考量专利组合数量和技术价值，给出专利综合实力（Pipeline Power）的评估。具体来说，专利综合实力是一种对专利数量及专利成长性、技术影响力、技术原创性和技术通用性进行组合运算后的综合性指数。它的评估指标由上一年度授权专利数量（Number of Last Year's Patents）、专利增长指数（Pipeline Growth Index）、校正后的技术影响指数（Adjusted Pipeline Impact）、技术原创指数（Pipeline Originality）和技术通用指数（Pipeline Generality）五个方面构成，通过对五个指标的连续相乘得出该项专利的综合实力。[1] 以 2016 年专利综合实力的计算为例，其中各项评估指标的含义与算法如下：

（1）上一年授权专利数量，指 2015 年美国专利授权数量。

（2）专利增长指数。该指数用于衡量某组织专利活动量的变化趋势，进而反映某组织的创新能力。其计算方法为：专利增长指数 = 某组织上一年度美国专利授权量（2015 年）/前五年（2010—2014 年）每年平均授权量。如果计算结果大于 1，则表明该组织的专利活动量正在增长中。相反，如果该指数小于 1 则表明该组织专利活动量正在减少。

---

[1] IEEE. Constructing the Patent Power Scorecard [EO/BL]. [2017 - 09 - 25]. https://spectrum. ieee. org/at - work/innovation/patent - power - 2016/constructing the patent power scorecard 2016.

（3）校正后的技术影响指数。该指标表示该行业组织的专利组合对后续技术发展的影响力。其计算方法为：首先计算技术影响指数基础值，然后根据自引率对技术影响指数基础值进行校正，以消除极端自引的影响。其中，技术影响指数基础值 = 某组织前五年（2010—2014 年）所有专利被上一年（2015 年）所有专利引用的次数/与该组织专利组合处于同时期、同领域的所有美国授权专利被上一年全美所有授权专利引用次数的平均值。

（4）技术原创指数。该指数用于衡量某组织专利组合所引用的在先技术的领域宽泛程度。一般来说，改进型发明倾向于参考来自单一领域的现有技术，而原创型发明则倾向于参考多个不同领域的在先技术进而形成新的发明创造。技术原创指数的期望值一般为 1，如果该指数大于 1，则表示该专利参考的技术领域较为广泛，具有更高的原创性。相反则表示该专利参考技术领域单一，原创性程度较低。

（5）技术通用指数。该指数与技术原创指数类似，但它是基于后续专利的引用，而不是对现有技术的引用，因此可以衡量引用某组织专利组合的专利技术领域的宽泛程度。技术通用指数一般预期值为 1，最高不超过 5，在此范围内指数越高，意味着某组织专利技术的通用性越好，对后续技术创新的影响范围越大。低于预期值 1 则表明该专利的通用性较差。

专利实力记分卡更注重对公司技术实力的评价，因而在指标设计上偏重专利的技术价值体现，忽略专利市场价值体现和公司的财务表现等指标。另外，专利实力记分卡中的技术指标在打分上存在一定程度的主观性，并不完全是客观数据的展现。

2.2.2 Ocean Tomo 300th指数

Ocean Tomo 300th指数是由美国 Ocean Tomo 公司和美国证券交易所于 2006 年发布的世界第一个基于知识产权价值的企业专利评估指数，该指数是利用其旗下子公司 Patent Ratings 公司的专利价值评估系统计算实现的。该评估系统共拥有 50 种专利测评指标，评估内容包括了专利创新点、专利引用等多个方面。Ocean Tomo 300^{th}指数的评价体系主要由三类指标构成，包括 Ocean Tomo 300^{th}专利指标、Ocean Tomo 300^{th}专利成长指标和 Ocean Tomo 300^{th}专利价值指标。[1] 其中，第一类指标主要用于确定专利价值度高低的问题；第二类指标由 Ocean Tomo 300^{th}专利指标中成长性最好的公司组成，成为辅助分析者，是投资者在选取股票上的重要参考因素；第三类指标由 Ocean Tomo 300^{th}专利指标中市场价值最高的公司组成，也是作为选取股票的辅助性工具。

在利用 Ocean Tomo 300^{th}专利指标确定高质量专利时，该系统基于人工智能算法的计算机自动分类工具，采用事前干涉的方法对每种专利指标预先设置权重，先对专利进行分组，再通过计算机预设算法和规则，根据每个专利 50 多种评测指标实现对企业股票指数的排序，创造性地将上市公司的专利价值与股票价格结合起来。该专利评估系统基于人工智能算法，专利指标库的构建基于组类比较实现，将已知组类分为高价值专利组和低价值专利组。通过组类比较，识别和确定不同组类专利价值的特征，形成指标库。这些指标大致可以分为两类：一类是用于反映专利基本情况的指标，如专利数量、权利要求的数量、专利平均存活期、是否支付维持费等；另一类用于反映公司技术质量和发展的指标，如专利引证率、专利衰退率、有效专利净收入变化等。PatentRating 系统通过对专利存活期的深度分析，反映其与专利维持率之间的内在联系，专利维持率越高，引证数量越大，则该专利的价值越高，其存活期就越长。该系统可以对此类指标进行细分、归类形成新的知识产权指标——IPQ 参数，这一参数用于反映维持或放弃专利可能性的大小。通常情况下 IPQ 参数值与专利的价值呈正相关，参数值越高，专利价值就越高。

Ocean Tomo 300^{th}指数很大程度上解决了知识产权交易中对专利价值的评估问题，有机地将专利价值与证券交易结合在一起，但是在专利价值评估的实践中所考量的因素并不仅仅限于该系统的指标库，外在市场因素对专利价值评价的干扰较大。同时，Ocean Tomo 300^{th}指数所体现的指标不仅

---

[1] 董涛. Ocean Tomo 300^{th}专利指数评析 [J]. 电子知识产权，2008 (5)：41 - 42.

包括专利质量指标，也包括公司指标，其分析角度着重于对未来某一企业进行评估预测，其适用范围较广，不仅可以针对单个专利，也可以对专利组合和企业机构进行评价，但总体评价过程不透明。客观来说，Ocean Tomo 300th指数形成的各种评价指标体系和方法，已经能比较全面、准确地评价专利价值，至少标志着对专利价值的评估已经从模糊评估阶段走向精确评估阶段了。

2.2.3 专利强度

专利强度（Patent Strength）是 Innography 知识产权分析平台提出的独创的专利评价新指标，它是加州大学伯克利分校、斯坦福大学、得克萨斯大学以及乔治梅森大学的最新研究成果，其作用是帮助用户快速有效地在海量数据中寻找核心专利。

“专利强度”是一种判断专利价值的综合指标，包括了专利权利要求数量（patent claim）、引用先前技术文献数量（Prior Art Citations Made）、专利被引用次数（Citations Received）、专利家族（Families of Patents）、专利申请过程（Prosecution Length）、专利年龄（Patent Age）、专利诉讼（Patent Litigation）等指标，专利强度的高低可集中反映出该专利价值的大小，从而反映出该技术的重点研发领域和研发水平。其中几个关键指标与专利强度之间的关系如下。

（1）权利要求数量：权利要求书是专利范围的界定标准，只有明确列举权利要求书中的技术方案才可以得到专利法的保护，因而权利要求的数量和撰写质量决定着该专利的价值高低和保护范围，也即专利强度的高低。通常情况下，对专利权利要求书进行层次化的撰写可以有效地增加权利要求的数量和扩大技术保护范围，从而提高专利质量。有研究表明权利要求数量越多，专利涉诉和无效请求越多，这就是专利价值高的体现。[1]

（2）引用先前技术文献数量：技术的更新和发展都是建立在现有技术

---

[1] Lanjouw JO, Pakes A., Putnam J. How to count patents and value intellectual property: the uses of patent renewal and application data [J]. The Journal of Industrial Economics, 1998, 46 (4): 405-432.

的基础之上，专利权人为了满足专利审查的创新性、新颖性、实用性要求，一般会以大量的技术文献作为研发基础，从而拓宽专利范围，尽快获得专利授权。一项专利申请对现有技术的引用数量越多，则该专利的质量越高。

（3）专利被引用次数：专利以公开技术方案获得专利法的保护，很多新的发明可以参考并且引用在先基础技术方案或者核心技术，因此如果一件专利外围技术越丰富，专利宽度越大，技术人员在研发时就很难避开有关技术要点，表明该专利质量越高、强度越大，则该专利被反复引用的可能性就越大。

（4）专利家族：狭义的专利家族指一项专利在不同国家申请的集合，即申请人就同一发明在不同国家寻求专利保护。[1] 广义上的专利家族包含一件专利后续衍生的不同申请案，也即同一技术发明后续产生的不同专利保护范围的申请案，比如分割案（Division）、连续案（Continuation）等。一件专利要在多个国家申请并取得专利授权，其申请的成本和维持专利的费用必然会大幅度增加，因此申请人会更加愿意为具有高质量和高价值度的专利方案投资，构成专利家族的专利也将是其所在技术领域内的核心专利，代表了领域内的核心技术。如果专利家族数量越大，则表示该专利技术重要性越高、专利强度越大。

（5）专利年龄：专利年龄也即专利的维持时间，在专利申请获得授权后，申请人每年都需要向国家支付一定的专利年费，并且专利年费是随年递增的，专利年龄越长，所需缴纳的年费数额就会越高。如果维持一件专利的成本远小于该专利带来的收益，权利人则有可能选择放弃维持。并且随着技术更替、进步的频率越来越高，专利权人仍然选择继续维持该项专利，则说明该项专利很有可能属于核心专利。因此，专利技术价值和专利强度极有可能随着专利年龄的增长而增长。

专利强度指标体系主要侧重于对已有专利技术的质量评估，通过采用定性分析的方法，对专利引证量、同族专利、专利寿命等指标的分析，快

[1] 侯剑华，范二宝. 基于专利家族的核心技术演进分析——以太阳能光伏电池技术为例［J］. 情报杂志，2014（33）：31.

速找出质量较高的专利或者核心专利。这对专利技术领域的研发和识别有极大帮助，但是对该专利技术领域的市场价值和市场趋势分析不足，适用范围限于单个技术领域，范围较窄。

2.2.4 专利价值分析指标体系

专利价值分析指标体系属于国内专利评估系统中的一种，该系统由中国技术交易所联合数十家各类机构设计，由国家知识产权局于2012年发布。2015年8月，在此基础上进行改进，形成了《专利价值分析与评估体系规范研究》一书❶。该体系对专利价值度（PVD）采用两级指标评估的方法：一级指标包括法律价值度（LVD）、技术价值度（TVD）、经济价值度（EVD）三部分；二级指标主要从专利功能的角度，又将一级指标分解为18项支撑指标。实现该指标体系功能需要两步，首先是基于指标体系，对专利披露的有关信息进行收集整理，全面关注专利各个方面要素。其次根据检索的报告内容，专家对二级指标中的各个要素进行评分，将这些分数加权汇总后形成统一衡量标准，也就是专利价值度。其计算公式为 $PVD = \alpha \cdot LVD + \beta \cdot TVD + \theta \cdot EVD$，其中 $\alpha + \beta + \theta = 100\%$。

上述三种一级指标中的法律价值度（LVD）是从专利的法律信息和保护状态的角度解读专利价值，包括专利稳定性、专利侵权可判定性、专利有效性和专利自由度等方面。专利稳定性是指一项被授权专利在行使过程中被无效的可能性，一般来说可以从该专利的创造性、新颖性、权利要求书的撰写质量和数量以及该专利的诉讼和复审情况加以评判，如果一份专利的创造性较低、权利要求书质量不高，则该专利的稳定性相对就弱。专利侵权可判定性主要参考该专利的技术特征属性和权利要求主题类型加以判断，如果一项专利的权利要求容易发现和判断侵权行为，进而行使诉讼的权利，则表明该专利可侵权判定性就强。专利有效性是指专利从授权之日起还有多长的保护期，也就是专利寿命，这与不同类型的专利和专利维

❶ 中国技术交易所. 专利价值分析与评估体系规范研究［M］. 北京：知识产权出版社，2015.

持有密切关系。专利自由度是根据专利目前实施情况和专利宽度来决定的，一般以同组专利数、许可与转让、专利的依赖性作为评估标准，若一件专利同组专利数量大，许可范围广，并且可以作为后续申请专利的基础，则表明该专利自由度较高。

技术价值度（TVD）是从技术层面对专利权利要求书中所列举的技术要点进行解析，主要包括技术先进性、技术领域发展趋势、技术适用范围、技术不可替代性和技术可实施性等方面。其中技术先进性是指该技术在当前评估时间点上是否在该领域处于领先地位，也即考量该专利解决技术问题的重要性、技术手段、技术效果是否能够达到较高水准。技术领域发展趋势是指该专利技术的成熟度，也即分析该技术的生命周期和市场增量，若该领域的专利技术增长放缓，则很有可能该领域的专利成熟度已经较高，市场开始饱和。技术不可替代性是指在当前时间节点是否存在相同或者类似的技术方案解决相同的技术问题，如果一项专利技术没有替代方案或者替代方案很少，则该技术的技术价值度就会明显升高。技术可实施性主要考虑的因素包括实施该技术方案的配套条件是否能够独立实施。这一点与专利的交叉许可有关，如果一项技术的实施不用结合现有其他方案，则所需的实施成本就会大大降低，其本身的专利价值就会增长。

经济价值度（EVD）是从专利实施的社会效益角度来评估专利价值度的，主要评估标准有市场应用情况、政策适应性、获益能力、标准相关度等。其中市场应用情况不仅需要考量已经投入市场的专利，也需要对未投入市场的专利进行市场前景的预测，如果该项专利在市场应用中占有比例较高，或者市场需求较大，则表明该专利具有较高的竞争力，其经济价值度较高。当一项专利开发和应用在国家或者地方政策鼓励、扶持或者享有优惠政策的范围内，则该专利的政策适应性就越好，该专利在申请授权的过程中也就越具有优势。标准相关度是指该专利是否被纳入标准或者与标准专利之间的关系。一件专利如果能够纳入标准或者与标准专利构成竞争关系，则表示该专利的创新程度高和技术范围广泛，其他竞争者想进入该技术领域便很难绕开该专利，因此在市场上具有极高的垄断效果，产生的经济效益十分巨大。

通过研究专利价值分析指标体系，发现该体系的分析注重定量与定性相结合，分析结果相对客观，可以从不同角度提出可行性建议，比较适应市场的选择。但是，该系统也存在一定的不足。首先，无论是从法律、技术角度，还是经济角度，该体系主要是通过对专利现存状态的分析和解读，对专利当前的价值进行评估，着重强调的是该专利技术的现有价值，而很少涉及对该专利技术领域未来的预测和发展。其次，该体系适用范围比较窄，仅限于对单个专利的评价，而市场交易中往往涉及众多专利，由于操作流程比较烦琐复杂，因此在实施成本上会比较高。

2.2.5 其他高价值专利评价指标

（1）美国 CHI 专利评价指标。

美国 CHI 专利评价指标是由美国知识产权咨询公司 IPIQ 与美国国家科学基金会一起研发出的全球第一个科学成果指标，美国国家科学基金会编写出版的《美国科学与工程指标》提出了采用 CHI 的专利评价指标体系。CHI 专利评价指标包含 7 个方面，分别是专利数量（Number of patents）、专利平均被引用数（Cites per patent）、当前影响指数（Current Impact Index）、技术实力（Technology Strength）、技术生命周期（Technology cycle Time，TCT）、科学关联性（Science Linkage）和科学强度（Science Strength）。在这 7 个指标中，技术生命周期是唯一的一个负向指标，即数值越大代表创新速度越慢，其他 6 个指标均是正向指标，计算得到的数值越大，则表明专利的价值度越高。该指标体系利用上述 7 个指标来分析一家公司所拥有的专利组合质量，并且以此为基础，评估公司无形资产的价值和公司的技术实力以及公司的价值。

（2）专利记分卡。

专利记分卡评估指标建立在美国 CHI 专利评价指标的基础之上，由 IPIQ Global 公司自 1992 年开始对外发布。该评估指标选取了其中技术实力（Technology Strength）、专利数量（Number of patents）、当前影响指数（Current Impact Index）、科学关联性（Science Linkage）和技术生命周期

（Technology cycle Time，TCT）5 个指标作为专利记分卡的基础指标。专利记分卡每年共发布 7 个榜单，分别是行业记分卡、全球专利记分卡、IPIQ 500 记分卡、大学记分卡、政府机构记分卡、研究机构记分卡以及创新机构记分卡。在各个记分卡中又采取有一定差异的具体指标，如在统计分析行业记分卡时，选用的指标有技术强度、行业影响力、授权量、科学强度以及研究强度。而在全球专利记分卡中，将会使用三种专利分类体系，分别是国际专利分类体系（IPC）、美国标准工业分类体系（SIC）和公司自己的分类体系，具体指标包括在特定技术领域的强度、本国专利对其他国家的影响力、国家创新与科学研究的关联度以及创新速度等。可以看出，专利记分卡对专利的分析具有针对性，在评价对象的细化分类上做得比较详细，更加注重一个公司的基础研究和科研实力，以及与专利之间的关联性和转化速度。

（3）国证德高行专利领先指数。

国证德高行专利领先指数是由深圳证券信息有限公司与德高（北京）科技公司合作发布的一项专利指数，它既包括专利指数，也包括股票指数，评选对象主要针对在我国国内 A 股市场上上市的公司。与 Ocean Tomo 300th 专利指数类似，该指数包含了专利指标和财务指标两类，其中专利指标有 50 个左右，这些指标可被计算机自动运算，如专利总数、平均专利寿命、专利平均审查期、当期的专利公开数量、专利授权数量、专利 IPC 分类号总数、专利 IPC 分类号平均数、专利说明书总页数、专利说明书平均页数、专利的权利要求总数、专利的权利要求平均数、专利的独立权利要求总数、专利的独立权利要求平均数、专利说明书的附图张数、专利说明书的附图平均数等。财务指标是指能表达企业经营绩效的指标，包括偿债能力指标、运营能力指标、获利能力指标、发展能力指标以及股价指标等。其中，获利能力指标包括净资产收益率（ROE）、资产报酬率（ROA）、每股收益（EPS）以及市净率（MTB）等。因此，国证德高行专利领先指数在专利的指标选取和计算中保持了数据的客观性，对专利价值的评估较为准确。

专利在资本市场越发的重要，为更好地支持和鼓励“硬科技”企业在科创板上市，加速科技成果向现实生产力转化，促进经济发展向创新驱动转型，中国证券监督管理委员会制定并发布了《科创属性评价指引（试行)》，其中，3 项常规指标和 5 项例外条款均包含企业拥有的发明专利数量情况。企业如同时满足 3 项常规指标，即可认为具有科创属性；如不同时满足 3 项常规指标，但是满足 5 项例外条款的任意 1 项，也可认为具有科创属性。3 项常规指标分别为“研发投入金额或研发投入占营业收入比例”、“发明专利”和“营业收入或营业收入复合增长率”。发明专利指标的具体内容为，形成主营业务收入的发明专利 5 件以上。5 项例外条款中的发明专利要求为，形成核心技术和主营业务收入的发明专利（含国防专利）合计 50 件以上。

2.3　核心专利识别指标理论模型构建

通过上述研究表明现有核心专利识别指标主要有：

（1）专利引用指标。纳林（Narin，1994）首创了“专利计量学”(Patent Bibliometric)，并构建了专利计量指标，把许多书目计量学的概念如引用、共被引、耦合、半衰期等应用于专利计量，加上科学与技术关系密切，使得专利与科学文献之计量研究日益受到重视。❶ 贾菲等（Jaffe et al.，1993）对专利引文的知识性进行实证研究，研究成果表明专利引文可以呈现一些当地的地理特征，即一个区域或国家运用专利引文中产生的知识可以更直接地从与该区域或该国家地理位置更近的区域或国家获得。❷还有学者认为专利被引频次可以用作确认核心技术的指标，如陈等（Chen et al.，2005）利用专利引文分析方法找出中国台湾地区 1978—2002 年的核心工业技术和关键工业技术。专利引用指标的基本假设为高频被引用的

---

❶ Narin F. Patent bibliometrics [J]. Scientometrics, 1994, 30 (1): 147 - 155.

❷ Jaffe, Adam B., Rebecce Henderson and Manuel Trajenberg. Geographic localization of knowledge spillovers as evidenced by patent ciations [J]. Quarterly Journal of Economics, 1993 (108): 577 - 598.

专利是核心专利，在此假设被引用数量是显著的正相关。❶ 辛格（Singh，2005）等运用专利引用来证明发明人的合作网络之间的社会接近性是知识流动的基本动力。❷

（2）专利族指标。同族专利的大小代表了此专利在各个国家或地区的申请情况，兰珠（2004）认为专利族大的专利是重要专利❸，但是专利族的申请原因在于法律和经营问题，存在着为产品出口而进行专利申请，故需要对专利族进行深入解析，考察是否属于核心专利。一般认为专利族大的专利是核心专利，在此假设专利族数量是显著的正相关。

（3）权利要求数量指标。童（1994）研究表明权利要求数量越多，技术创新能力越强，使用专利权利要求数量构建专利质量指数，但还指出如果要通过权利要求来评价核心专利❹，最好的方法就是聘请该领域专家和律师仔细分析相关技术专利的权利要求。每个权利要求都是一个完整的技术方案，分为独立权利要求和从属权利要求，权利要求的数量代表着此专利包含的技术方案的多寡，权利要求的数量与核心专利是否正相关，还需要更多的实证数据进行支持。原有研究表明权利要求数量与技术创新能力正相关，没有更多的证据表明权利要求数量与核心专利正相关，在此假设权利要求数量与核心专利是显著的正相关。

（4）其他指标。如IPC分类号，技术生命周期，申请人和发明人数量，专利许可和专利诉讼等。IPC分类号指标，考察IPC分类号的多寡与核心专利的相关性。技术生命周期指标，考察技术生命周期与核心专利的相关性。申请人和发明人数量指标，考察申请人和发明人数量的多寡与核心专利的相关性。专利许可指标考察专利许可数量、专利许可地域、专利许可网络与核心专利的相关性；专利变更指标、专利复审指标和专利无效

---

❶ Chen D Z, Chang H W, Huang M H, et al. Core Technologies and Key Industries in Taiwan from 1978 to 2002: A Perspective from Patent Analysis [J]. Scientometrics, 2005, 64 (1): 31-53.

❷ Singh, J. Collaborative networks as determinants of knowledge diffusion patterns [J]. Management Science, 2005, 51 (5): 756-770.

❸ Lanjouw J O, Sehankerman M. Patent Quality and Research Productivity: Measuring Innovation with Multiple Indicators [J]. Economic Journal, 2004, 114 (495): 441-465.

❹ Tong X., Frame J. D. Measuring national technological performance with patent claims data [J]. Research Policy, 1994, 23 (2): 133-141.

指标考察专利变更前后、专利是否复审、专利是否有无效请求与核心专利的相关性。

除了上述指标之外，还有学者提出用专家判断法来识别核心专利。综上，国内外已经提出一些指标来识别核心专利，本书选取以下 13 个指标：引用专利数量、权利要求数量、说明书页数、附图页数、摘要字数、IPC 分类号数量、同族专利数量、同族专利被引用数量、申请人的数量、发明人的数量、专利权利转移、专利许可和专利质押等。

通过上述理论分析，构建多元回归模型，如表 2.1 所示。

表 2.1　核心专利识别指标

模型	指标	含义	假设
X_{11}	引用专利数量	引用其他专利的数量	正相关
X_{12}	权利要求数量	权利要求书中权利要求的数量	正相关
X_{13}	说明书页数	说明书的页数	正相关
X_{14}	附图页数	附图的页数	正相关
X_{15}	摘要字数	摘要的字数	正相关
X_{16}	IPC 分类号数量	IPC 分类号数量	正相关
X_{17}	同族专利数量	同族专利数量	正相关
X_{18}	同族专利被引用数量	同族专利被引用数量	正相关
X_{19}	申请人的数量	申请人的数量	正相关
X_{20}	发明人的数量	发明人的数量	正相关
X_{21}	专利权利转移	发生了专利权利转移	0 或 1
X_{22}	专利许可	发生了专利许可	0 或 1
X_{23}	专利质押	发生了专利质押	0 或 1

本书选取上述 13 个指标来构建多元回归模型：

$$Y = \beta_0 + \beta_1 X_{11} + \beta_2 X_{12} + \cdots + \beta_k X_k + \varepsilon,$$

其中 β 为回归系数，X_{11}，X_{12}，X_{13}，…为各个指标，ε 为截距项，Y 为被解释变量，从而考察各个指标的显著性水平，指标检验，获取指标与核心专利的相关性以及重要程度，再通过实证进行检验。

现有核心专利识别指标有很多，研究最多的是引用专利数量指标、权利要求数量指标、专利族指标。本书选取上诉指标来构建核心专利识别指标的多元回归模型，指标包含了专利权利转移、专利许可和专利质押等市场活动指标，对专利文献也进行了细化，包含了说明书页数、附图页数、摘要字数、申请人的数量和发明人的数量等指标。

2.4　本章小结

本章对核心专利的内涵和外延进行了介绍，总结了核心专利的特征，并对核心专利识别指标理论进行探讨，总结引用专利数量、权利要求数量、说明书页数、附图页数、摘要字数、IPC 分类号数量、同族专利数量、同族专利被引用数量、申请人的数量、发明人的数量、专利权利转移、专利许可和专利质押作为核心专利识别指标，并基于这些指标构建理论模型。

第3章　核心专利识别指标实证研究

第2章通过确定的核心专利识别指标构建了多元回归理论模型，本章将从实证角度出发，检索产业数据对其进行回归分析，并根据回归的结果调整相关模型，确定指标的显著性，再对专利质押、专利许可、专利复审与无效、专利网络交易和专利诉讼这些特殊的指标进行深入研究。

3.1　研究数据及处理

此部分将运用新能源汽车领域的专利进行实证研究。

3.1.1　数据检索

采用Patsnap检索系统，检索新能源汽车装置数据，相关专利最早出现在1998年（申请号为CN98212090.7），截止时间为2016年12月31日，通过人工筛选后得到701件专利，针对这些专利数据进行处理，得到每个指标相对应的数据，运用SPSS软件进行处理。

3.1.2　处理步骤

本书构建的多元回归模型的因变量为核心专利，回归模型如下：

$$Y = \beta_0 + \beta_1 X_{11} + \beta_2 X_{12} + \cdots + \beta_k X_k + \varepsilon \tag{3-1}$$

其中β为回归系数，X_{11}，X_{12}，X_{13}，…为各个指标，ε为截距项，Y为

被解释变量。通过专家打分的方法把检索得到的专利进行打分，划分为1~9个等级，1为一般专利，随着数值的增加，重要程度越高，9即为最核心的专利，从而获得因变量的数据集，再通过解释变量与因变量的回归来考察其相关性和重要程度。

3.1.3　实证结果

首先对数据进行描述性统计考察其均值、标准差等数据，结果如表3.1所示，可以看出，各个指标的均值和极大值之间差别比较大，特别是X_{21}，X_{22}和X_{23}三个变量，均值出现0.00，再对整个模型进行OLS回归，得到的结果如表3.2和表3.3所示。

表3.1　描述统计量

模型	N	极小值	极大值	均值	标准差
Y	701	1	9	1.49	1.266
X_{11}	701	0	12	0.48	1.280
X_{12}	701	1	20	5.05	3.288
X_{13}	701	1	32	4.04	2.681
X_{14}	701	0	30	2.06	2.065
X_{15}	701	90	378	251.49	51.972
X_{16}	701	1	9	2.16	1.270
X_{17}	701	0	5	1.13	0.482
X_{18}	701	0	17	0.64	1.537
X_{19}	701	1	4	1.13	0.389
X_{20}	701	1	18	3.63	2.480
X_{21}	701	0	1	0.02	0.135
X_{22}	701	0	1	0	0.053
X_{23}	701	0	1	0	0.038
有效的 N（列表状态）	701				

表 3.2　整体性结果

模型		平方和	df	均方	F	Sig.
1	回归	1106.791	13	85.138	4062.027	0.000[a]
	残差	14.399	687	0.021		
	总计	1121.190	700			

Anova[b]

a. 预测变量：（常量），X_{23}，X_{14}，X_{22}，X_{21}，X_{20}，X_{11}，X_{15}，X_{17}，X_{19}，X_{16}，X_{12}，X_{13}，X_{18}

b. 因变量：Y

从表 3.2 可以看出，F 值为 4062.027，体现模型整体效果还不错。但是，表 3.3 中的系数结果的检验只有 X_{11}，X_{22} 和 X_{23} 通过，其中，X_{22} 和 X_{23} 表示的是专利许可和专利质押，但是这两个变量的数据量太少，不具有分析的意义。另外 X_{21} 表示的是专利权利转移，数值只有 13 个，因此，X_{21} ~ X_{23} 会对模型产生偏差，需要进行个案分析处理。另外，表 3.3 展示的是 OLS 回归的结果，但是从表 3.2 的描述性统计看出，数据不符合正态分布，因此用 OLS 回归的结果效果非常不好。

表 3.3　多元回归的结果

模型		非标准化系数		标准系数	t	Sig.	B 的 95.0% 置信区间	
		B	标准误差	试用版			下限	上限
1	（常量）	0.999	0.036		27.699	0.000	0.928	1.070
	X_{11}	0.945	0.008	0.956	123.218	0.000	0.930	0.961
	X_{12}	0.001	0.002	0.004	0.738	0.461	−0.002	0.005
	X_{13}	0.001	0.003	0.003	0.571	0.568	−0.004	0.007
	X_{14}	0.000	0.003	0.000	−0.094	0.925	−0.007	0.006
	X_{15}	5.365E−6	0.000	0.000	0.050	0.960	0.000	0.000
	X_{16}	0.003	0.005	0.003	0.720	0.472	−0.006	0.012
	X_{17}	−0.006	0.012	−0.002	−0.521	0.603	−0.031	0.018
	X_{18}	−0.001	0.006	−0.002	−0.222	0.825	−0.014	0.011
	X_{19}	0.009	0.015	0.003	0.591	0.555	−0.020	0.038
	X_{20}	−0.001	0.002	−0.002	−0.486	0.627	−0.006	0.003
	X_{21}	0.004	0.041	0.000	0.093	0.926	−0.076	0.084
	X_{22}	4.975	0.103	0.210	48.149	0.000	4.773	5.178
	X_{23}	6.983	0.148	0.208	47.249	0.000	6.693	7.273

a. 因变量：Y 系数[a]

因此，重新考察数据和各个变量之间的关系，剔除个案，运用逻辑回归来考察结果，把因变量划分为 2 个组，小于其均值的为 0，大于其均值的为 1，重新回归模型，结果如表 3.4 和表 3.5 所示。

表 3.4　描述性统计表

variable	N	mean	sd	min	p25	p50	p75	max
y	701	1.491	1.266	1	1	1	1	9
X_{11}	701	0.475	1.280	0	0	0	0	12
X_{12}	701	5.047	3.288	1	2	5	7	20
X_{13}	701	4.040	2.681	1	2	3	5	32
X_{14}	701	2.061	2.065	0	1	1	2	30
X_{15}	701	251.5	51.97	90	219	265	293	378
X_{16}	701	2.158	1.270	1	1	2	3	9
X_{17}	701	1.128	0.482	0	1	1	1	5
X_{18}	701	0.638	1.537	0	0	0	1	17
X_{19}	701	1.131	0.389	1	1	1	1	4
X_{20}	701	3.633	2.480	1	1	3	5	18

表 3.5　相关系数

y	X_{11}	X_{12}	X_{13}	X_{14}	X_{15}	X_{16}	X_{17}	X_{18}	X_{19}	X_{20}
y	1.000									
X_{11}	0.949***	1.000								
X_{12}	0.060	0.060	1.000							
X_{13}	0.134***	0.143***	0.448***	1.000						
X_{14}	0.124***	0.125***	0.346***	0.499***	1.000					
X_{15}	0.098***	0.088***	0.039	0.092***	0.102***	1.000				
X_{16}	0.053	0.030	0.123***	0.143***	0.221***	0.058	1.000			
X_{17}	-0.054	-0.078***	-0.032	0.166***	0.103***	0.035	0.020	1.000		
X_{18}	0.766***	0.805***	0.047	0.206***	0.138***	0.103***	0.053	0.148***	1.000	
X_{19}	0.029	-0.008	-0.070***	-0.041	0.047	0.005	0.074***	0.040	0.015	1.000
X_{20}	0.024	0.021	-0.020	-0.026	-0.005	0.106***	-0.128***	0.103***	0.061	0.204***

***：表示在 0.001 水平下显著。

从表3.4和表3.5可以看出，Y与X_{11}，X_{13}，X_{14}，X_{15}，X_{18}的相关系数比较高，而且显著。其中，Y与X_{11}，X_{18}相关系数非常高，X_{11}是引用专利数量，X_{18}是同族专利被引用专利数量，这两个变量从理论上会高度相关，而且同族专利被引用数量在某种程度上可以用引用专利数量来代替。如果两个变量共同存在的话，会产生共线性的问题，因此，模型调整为删除自变量X_{18}，此时多元回归模型变为：

$$Y_1 = \beta_0 + \beta_1 X_{11} + \beta_2 X_{12} + \cdots + \beta_7 X_{17} + \beta_8 X_{19} + \beta_9 X_{20} + \varepsilon \quad (3-2)$$

模型（3-2）的逻辑回归结果如表3.6所示。

表3.6　回归结果

Multinomial logistic regression　　Number of obs = 701

LR chi2 (9) = 285.40

Prob > chi2 = 0.0000

Log likelihood = -24.388005　　Pseudo R_2 = 0.8540

y_1	Coef.	std. Err.	z	$P>\|z\|$	[95% Conf. Interval]	
0	(base outcome)					
1						
X_{11}	3.470231	0.5710306	6.08	0.000	2.351031	4.589431
X_{12}	0.0111287	0.1289489	0.09	0.931	-0.2416065	0.2638639
X_{13}	-0.1437942	0.1588771	-0.91	0.365	-0.4551876	0.1675991
X_{14}	0.028408	0.2179716	0.13	0.896	-0.3988086	0.4556245
X_{15}	0.0055441	0.0083384	0.66	0.506	-0.0107988	0.021887
X_{16}	0.6117167	0.2966245	2.06	0.039	0.0303433	1.19309
X_{17}	1.95681	0.6132135	3.19	0.001	0.754934	3.158687
X_{19}	1.240693	0.9926005	1.25	0.211	-0.7047685	3.186154
X_{20}	0.0809165	0.2129866	0.38	0.704	-0.3365295	0.4983626
_cons	-14.46194	3.679064	-3.93	0.000	-21.67277	-7.251107

从表3.6可以看出，X_{11}，X_{16}和X_{17}三个变量显著，影响为正相关，可以得到以下结论：

（1）原假设中，引用专利数量、IPC分类号数量和同族专利数量对核心专利显著相关，其他变量不显著。

（2）引用专利数量对核心专利的影响系数为6.08，其次是同族专利数量，为3.19，然后是IPC分类号数量，为2.06，都是正影响。

（3）相关系数矩阵中的说明书页数、附图页数和摘要字数是显著的，但是在逻辑回归中不显著。

（4）同族专利被引用数量与引用专利数量之间是高度相关的关系，由于引用数量变量是显著正相关，因此，认为同族专利被引用数量也是显著正相关。

上述回归是剥离了X_{21}，X_{22}，X_{23}三个特殊变量，接下来对这三个变量做个案分析。

第一，专利质押。样本中有一件，申请号为CN201010594178.5，公开号为CN102055001B，申请日为2010年12月18日，授权日为2012年11月7日，2016年5月9日登记专利权的保全，2016年11月9日解除专利权的保全。此专利的名称为“一种具有散热系统的汽车氢燃料电池组”，权利要求1为：一种具有散热系统的汽车氢燃料电池组，包括电池壳体（1）和安装在壳体内的氢燃料电池模块（6）；其特征在于：在所述电池壳体（1）的两端分别开有进风口（2）和出风口（3），在所述出风口（3）处安装有散热风扇（5）；所述氢燃料电池模块（6）分上下两组平行的电池组，两组电池组分别通过电池壳体（1）内壁上的导轨（7）安装在壳体内，两组电池组与壳体内壁之间以及两组电池组之间均留有气流通道；在所述两组电池组的内每块电池表面分别安装L型的导流板（8），所述导流板（8）的长边位于上下两组电池组的相对面，短边位于每块电池朝向出风口一端，且导流板（8）与所安装的电池表面留有气流间隙。该发明能够让电池组在使用过程中的温度场分布均匀，提高电池性能的可靠性和一致性，提高整车的性能和运行安全性。从技术角度来看，此专利实现的功能较为简单，属于此技术领域的一般外围专利。因此，在此样本中，专利质押不能成为核心专利的评价指标。

第二，专利许可。样本中有两件专利。第一件申请号为CN200510080470.4，公开号为CN100338860C，申请日为2005年7月5日，授权日为2007年9月19日，2009年8月5日进行专利实施许可合同备案，合同备案号为

2009990000476，让与人为北京航空航天大学，受让人为北京航星力源科技有限公司，发明名称为“用于燃料电池客车的升压型大功率 DC/DC 变换器的柔性换流电路”，许可种类为独占许可备案，日期为 2009 年 5 月 13 日，合同履行期限为 2009 年 5 月 5 日至 2014 年 5 月 4 日，由于专利权人未缴年费，专利权于 2011 年 7 月 5 日终止。该发明公开了一种用于燃料电池客车的升压型大功率 DC/DC 变换器的柔性换流电路，它是由第二功率二极管（D_1）、第三功率二极管（D_2）、第三电感（L_1）和第二电容（C_1）构成柔性换流电路，在功率开关管（T）的漏极（D）和输出电压端的正极之间串联连接有第二功率二极管（D_1）、第三功率二极管（D_2）和第三电感（L_1），在第二功率二极管（D_1）的阴极和输出电压端的负极并联有第二电容（C_1）。本发明的柔性换流电路解决了功率开关管（T）上产生的电压变化率 du/dt 高和第一功率二极管（Do）上产生的电流变化率 di/dt 大的问题，克服了常规 Boost 升压变换器电路拓扑中的功率开关管（T）、第一功率二极管（Do）的寿命短、可靠性差等缺点，还减小了系统的电磁干扰，提高了 DC/DC 变换器主电路的工作安全性和可靠性。此专利从技术上解决了功率开关管上产生的电压变化率的问题，并且有 2 年的专利许可，在新能源汽车领域属于比较重要的专利。

第二件申请号为 CN201410116979.9，申请日为 2014 年 3 月 26 日，公开号为 CN103904353A。2014 年 10 月 8 日，专利申请人从北京碧空氢能源科技股份有限公司变更为李某，2015 年 10 月 14 日进行专利实施许可合同备案，合同备案号为 2015990000731，让与人为李某，受让人为北京蓝吉新能源科技有限公司，发明名称为“一种移动式氢燃料电源车”，许可种类为独占许可，备案日期为 2015 年 8 月 18 日。然而，2016 年 4 月 29 日，由于申请人未在规定的期限内答复第一次审查意见通知书，国家知识产权局发出视为撤回通知书，因此，该专利没有获得授权。该发明公开一种移动式氢燃料电源车，包括：牵引车及设置在牵引车上的氢燃料电源箱体，氢燃料电源箱体上设置有空气进气口和排气口，氢燃料电源箱体内设置有氢燃料电池模块安装架、支撑电源安装架、直流屏安装架和交流屏安装架，氢燃料电源设置在氢燃料电池模块安装架上，支撑电源设置在支撑电源安装架上，直流总线和断路器设置在直流屏安装架上，逆变器组、交流总线和交流配电箱设置在交流屏安装架上；氢燃料电源、支撑电源和逆变器组分别与直流总线连接，交流总线连接在逆变器组与交流配电箱之间。此专利从技术上可以看作移动式氢燃料的电源车的装置，是现有部件的组合发明，发明程度不高，不能视作核心专利。

第三，专利权利转移。样本中共有48件专利，这些专利中有4件是专家认为比较重要的专利，分别为CN200410067371.8（专利权人从上海神力科技有限公司变更为上海市电力公司、上海神力科技有限公司和国家电网公司，独立权利要求1为：一种在输出功率突然增加的情况下可快速响应的燃料电池，包括燃料电池堆、储氢装置、氢减压阀、氢气增湿装置、空气过滤装置、空气压缩供应装置、空气增湿装置、氢气水—汽分离器、氢循环泵、空气水—汽分离器、水箱、冷却流体循环泵、散热器，其特征在于，还包括空气补给装置，该空气补给装置包括常闭电磁阀、压缩空气储罐，所述的常闭电磁阀的一端与空气压缩供应装置的出口端连通，所述的常闭电磁阀的另一端与压缩空气储罐连通），CN200610028209.4（专利权人从上海神力科技有限公司变更为国网上海市电力公司和上海神力科技有限公司），CN200410067709.X（专利权人从上海神力科技有限公司变更为上海市电力公司、上海神力科技有限公司和国家电网公司，权利要求1为：一种燃料电池电动车的驱动装置，包括燃料电池、直流—直流变换装置，驱动马达、脚踏板，其特征在于，还包括车速控制器、电流传感器，所述的燃料电池输出的电压与电流经直流—直流变换装置稳压稳流后直接驱动马达；所述的脚踏板接收驾驶指令并通过车速控制器将弱电信号传输给直流—直流变换装置，并控制其电压与电流输出直接驱动马达；所述的弱电信号包括来自电流传感器与脚踏板的传感信号）和CN201410116979.9（专利权人从北京碧空氢能源科技股份有限公司变更为李某，权利要求1为：一种移动式氢燃料电源车，其特征在于，包括：牵引车及设置在所述牵引车上的氢燃料电源箱体，其中：所述氢燃料电源箱体上设置有空气进气口和排气口，所述氢燃料电源箱体内设置有氢燃料电池模块安装架、支撑电源安装架、直流屏安装架和交流屏安装架，氢燃料电源设置在所述氢燃料电池模块安装架上，支撑电源设置在所述支撑电源安装架上，直流总线和断路器设置在所述直流屏安装架上，逆变器组、交流总线和交流配电箱设置在所述交流屏安装架上；所述氢燃料电源、所述支撑电源和所述逆变器组分别与所述直流总线连接，所述断路器连接在所述氢燃料电源、所述支撑电源与所述直流总线之间，所述交流总线连接在所述逆变器组与所述交流配电箱之间）。从上述样本可以看出，这些比较重要的专利的专利权利变更没有什么规律，是专利权人基于合作关系或专利权利安排而进行的变更，因此，专利权利转移对于核心专利而言不显著相关。

3.1.4 调整模型

根据实证回归结果显示，说明书页数、附图页数和摘要字数在逻辑回归中不显著，但在相关系数矩阵中显著，在此把这些指标综合成文献页数；权利要求数量、发明人个数、IPC 分类号个数、同族专利数量是显著的，因此，保留这些指标，把引用专利分解成引证次数和被引证次数两个指标；原来实证数据中专利转让太少，保留专利转让指标，构建新的回归模型：

$$Y = \beta_0 + \beta_1 X_{11} + \beta_2 X_{12} + \cdots + \beta_k X_k + \varepsilon \quad (3-3)$$

其中 β 为回归系数，X_{11}，X_{12}，X_{13}，…为各个指标，ε 为截距项，Y 为被解释变量，指标含义如表 3.7 所示，进一步考察各个指标的显著性水平，获取指标与核心专利的相关性以及重要程度，再通过实证进行检验。

表 3.7 核心专利识别指标

模型	指标	含义	假设
X_{11}	文献页数	专利文献的数量	正相关
X_{12}	权利要求数量	权利要求书中权利要求的数量	正相关
X_{13}	发明人个数	发明人的数量	正相关
X_{14}	IPC 分类号个数	IPC 分类号数量	正相关
X_{15}	同族专利数量	同族专利数量	正相关
X_{16}	引证次数	引证其他专利的数量	正相关

续表

模型	指标	含义	假设
X_{17}	被引证次数	被其他专利引证的数量	正相关
X_{18}	专利转让	发生了专利权利转让	0 或 1

3.1.5　实证与结果讨论

采用 Incopat 检索系统，检索福建省新能源汽车技术领域数据，数据范围为实用新型专利和发明授权专利，排除了外观设计专利的类型，最早出现的专利在 1995 年（申请号为 CN95243350.8），截止时间为 2019 年 6 月 30 日，通过人工筛选后得到 6337 件专利，针对数据进行处理，通过专家打分的方法把检索得到的专利进行打分，划分为 1 ~9 个等级，1 为一般专利，随着数值的增加，重要程度越高，9 即为最核心的专利，从而获得因变量的数据集，再通过解释变量与因变量的回归来考察其相关性和重要程度，得到每个指标相对应的数据，运用 SPSS 软件进行处理。

首先对数据进行描述性统计考察其均值、标准差等数据，结果如表 3.8 所示，可以看出，各个指标的均值和极大值之间差别比较大，特别是 X_{16} 和 X_{17} 两个变量，其中，X_{16} 和 X_{17} 表示的是引证其他专利的数量和被其他专利引证的数量，另外 X_{18} 表示的是专利权利转让，数值只有 594 个，专利出质还有 25 个，需要另外分析。

表 3.8　描述性统计

模型	N	极小值	极大值	均值	标准差	方差
Y	6337	1	9	3.76	1.593	2.538
X_{11}	6337	1	37	8.93	3.700	13.692
X_{12}	6337	1	39	7.02	3.288	10.814
X_{13}	6337	1	13	2.93	1.862	3.466
X_{14}	6337	1	12	2.29	1.507	2.271
X_{15}	6337	0	11	1.20	0.571	0.326

续表

模型	N	极小值	极大值	均值	标准差	方差
X_{16}	6337	0	18	0.55	1.632	2.663
X_{17}	6337	0	33	0.29	1.144	1.309
X_{18}	6337	0	1	0.09	0.291	0.085
有效的 N（列表状态）	6337					

从表3.9可以看出，Y与X_{17}的相关系数最高，与X_{11}，X_{12}和X_{13}的相关系数一样，而且显著，其中，Y与X_{14}，X_{15}和X_{18}都差不多，X_{17}是被引证次数，因此，相关度比较高。X_{11}是文献页数，理论上文献页数越多说明公开的技术内容越多，但是否属于核心专利还有待考察，因此，模型删除X_{11}调整为模型2。X_{18}是专利转让，专利转让有可能是关联公司之间的转让，此时对回归结果会造成影响，因此，模型删除X_{18}调整为模型3，通过回归结果来比较上述三个模型。

表3.9　相关系数

模型	y	X_{11}	X_{12}	X_{13}	X_{14}	X_{15}	X_{16}	X_{17}	X_{18}
y	1.000								
X_{11}	0.047**	1.000							
X_{12}	0.047**	0.555**	1.000						
X_{13}	0.047**	0.225*	0.237**	1.000					
X_{14}	0.074**	0.035**	0.008	-0.038**	1.000				
X_{15}	0.085**	0.184**	0.062**	0.116**	0.061**	1.000			
X_{16}	0.041**	0.164**	0.015	0.104**	0.046**	0.597**	1.000		
X_{17}	0.628**	-0.022	-0.023	-0.015	0.015	-0.053**	-0.080**	1.000	
X_{18}	0.069**	-0.094**	-0.179**	-0.114**	0.023	0.140**	0.129**	0.016	1.000

**：在0.01水平（双侧）上显著相关。

对模型1~3的逻辑回归结果如表3.10所示。

表 3.10　模型 1 ~ 3 回归结果

模型	F	Sig.	模型	X_{11}	X_{12}	X_{13}	X_{14}	X_{15}	X_{16}	X_{17}	X_{18}
模型 1	572. 421	0. 000[a]	t	0. 609	4. 439	3. 867	6. 009	6. 850	2. 163	66. 053	5. 693
			Sig.	0. 543	0. 000	0. 000	0. 000	0. 000	0. 031	0. 000	0. 000
模型 2	654. 208	0. 000[a]	t		5. 606	3. 942	6. 030	6. 923	2. 233	66. 059	5. 683
			Sig.		0. 000	0. 000	0. 000	0. 000	0. 026	0. 000	0. 000
模型 3	646. 357	0. 000[a]	t	0. 500	3. 731	3. 344	6. 058	7. 433	2. 506	66. 042	
			Sig.	0. 617	0. 000	0. 001	0. 000	0. 000	0. 012	0. 000	

从表 3. 10 可以看出，模型 1 ~3 的 F 值都比较高，其显著性水平都低于 0. 05，整体上都非常显著，对各个变量的假设得到以下结论：

（1）原假设的 X_{11}，文献页数在模型 1 和模型 3 中的显著性水平都大于 0. 5，不显著，说明 X_{11} 的假设不成立。

（2）原假设的 X_{16}，引证次数的显著性水平在 0. 012 ~0. 031 之间，属于显著的水平，但和其他变量相比，其显著性水平还有差距。

（3）原假设的 X_{17}，被引证次数的系数最高，而且远远高于其他变量的系数，说明此指标最能表示核心专利。

（4）原假设的权利要求数量、发明人个数、IPC 分类号个数、同族专利数量、专利转让都是显著的，原假设成立。

对于专利转让虽然回归结果是显著的，但是还需要对其进行深入分析，转让方超过 10 件专利的情况，其中只有单个受让方的如表 3. 11 所示。另外，专利转让数量较多的专利权人为福建师范大学，转让给福建猛狮新能源科技有限公司 10 件，转让给贵州唯特高新能源科技有限公司 4 件；八叶（厦门）新能源科技有限公司转让给泉州市永明红兴红科技发展有限公司 3 件，福建猛狮新能源科技有限公司、徐俊和李相哲 4 件，南京中欧威能新能源动力系统有限公司、徐俊和李相哲 4 件，其中后 8 件中徐俊和李相哲都是共同专利权人。

表 3.11　专利转让情况

转让方	受让方	数量
莆田市云驰新能源汽车研究院有限公司	福建省汽车工业集团云度新能源汽车股份有限公司	65
漳州一帆重工有限公司	福建福船一帆新能源装备制造有限公司	36
厦门钨业股份有限公司	厦门厦钨新能源材料有限公司	21
福建亚南电机有限公司	宁德时代电机科技有限公司	17

从上述专利转让情况可以看出，除了福建师范大学和福建亚南电机有限公司是向外转让外，莆田市云驰新能源汽车研究院有限公司和福建省汽车工业集团云度新能源汽车股份有限公司都有莆田市国有资产投资营运有限公司的参股，漳州一帆重工有限公司和福建福船一帆新能源装备制造有限公司、厦门钨业股份有限公司和厦门厦钨新能源材料有限公司都是关联企业。说明专利转让大部分是关联企业之间的转让，并不能代表核心专利的价值指标，当然，对于个人专利权人和高校科研院所的专利还需要进一步的研究。

专利的质押指的是把专利出质给机构，由机构评估专利的价值给予贷款，这个指标应该是最能体现专利的价值的，检索的数据中只有 25 件专利有出质的情况，其中，质权人以银行为主体，有中国银行股份有限公司厦门市分行、中国银行股份有限公司福州市晋安支行、中国农业银行股份有限公司连城县支行、中国建设银行股份有限公司厦门市分行、中国工商银行股份有限公司连城支行、招商银行股份有限公司厦门分行、兴业银行股份有限公司厦门分行、兴业银行股份有限公司泉州分行、兴业银行股份有限公司惠安支行、兴业银行股份有限公司福鼎支行、厦门银行股份有限公司漳州分行和国家开发银行股份有限公司，另外还有谭孝弟（CN201120318535.5）和厦门市集美区融资担保有限公司（CN201420644271.6）作为质权人。

3.2　核心专利识别指标研究

前文针对高价值专利的评价指标和核心专利识别指标进行了研究，每一种评价或识别指标都存在着不同的优缺点，以下将围绕上述研究开展进一步探讨。

3.2.1　专利许可

从 3.1 节选取的新能源汽车装置领域的专利许可样本中，可以看出：第一件申请号为 CN200510080470.4，从技术上解决了功率开关管上产生的电压变化率的问题，而且有 2 年的专利许可，在新能源汽车领域属于比较重要的专利。第二件申请号为 CN201410116979.9，从技术上可以看作移动式氢燃料的电源车的装置，是现有部件的组合发明，发明程度不高，不能视作核心专利。

专利许可是许可人把自己的专利许可给被许可人使用的行为，被许可的专利从理论上具有市场价值，不然被许可人不会花费许可费用来获得其使用权。专利许可划分为独占许可、排他许可和普通许可，其中独占许可的被许可力度最大，排他许可次之，普通许可最后。专利许可如果是关联公司之间进行的话，往往约定的许可费比较低，较难辨别其价值，如果产品市场销售量非常高，此被许可的专利价值肯定较大，如果是对外许可则可以通过许可费用来确定其价值。

3.2.2　专利复审与无效

专利复审指的是专利申请被驳回时，给予申请人的一种救济途径。由专利申请人向国家知识产权局复审和无效审理部提出，其中，发明专利复审费用 1000 元，实用新型专利复审费用 300 元，外观设计专利复审费用

300 元。专利无效宣告是专利经国务院专利行政部门授予并公告后，任何单位和个人认为该专利权不符合《中华人民共和国专利法》及其实施细则的规定，自公告之日起可以请求国务院专利行政部门宣告该公告的专利无效，其中，发明专利无效宣告费用 3000 元，实用新型专利和外观设计专利无效宣告费用 1500 元。

相关数据显示，2020 年专利复审案件立案量为 5. 467 万件，专利无效宣告请求案件立案量达 6178 件，与 2019 年相比，基本保持稳定；同时，2020 年专利复审、无效诉讼案件立案量为 1841 件，与 2019 年持平。2020 年复审和无效审理部专利复审案件结案量达 4. 8046 万件，专利无效宣告请求案件结案量为 7144 件。另外，专利复审、无效诉讼案件结案 2171 件。2020 年专利复审案件结案周期平均为 14. 1 个月，合议审查结案周期平均为 6. 6 个月，无效宣告请求案件审查结案周期为 5. 9 个月。值得一提的是，通过优先审查程序结案的专利复审案件 200 件，平均周期为 3. 1 个月；无效宣告请求案件 125 件，平均周期为 4 个月。

对于专利复审和无效还涉及费用问题，其官方费用（国家知识产权局收取的费用）相对于专利申请的费用而言差不多，但是其代理费用则比较高，一般发明专利申请代理费用为 4000 元，复审代理费用为 5000 元，无效宣告代理费用则高很多，主要涉及证据的问题，专利复审和无效的费用对于申请人经济上是一笔不小的支出，因此，能进入复审和无效的专利对于申请人而言都是比较重要的专利，可以认为这些专利都是核心高价值的专利。

3. 2. 3　专利网络交易

国家知识产权局在全国设立国家专利技术展示交易中心，这些中心使用国家知识产权局统一的标识，树立统一的社会公益服务形象。国家知识产权局将从专利信息、政策、全国平台品牌建设等方面对中心给予扶持，并加强对各中心工作的规范和指导，制定平台工作的评价指标，同时对各中心开展定期考评工作，考评结果作为今后平台计划工作进行奖优汰劣的依据。截至 2016 年 6 月全国共有 41 家国家专利技术展示交易中心，如表 3. 12 所示。

表3.12　国家专利技术展示交易中心名单（截至2016年6月）❶

序号	省份	中心名称	依托主体
1	北京	国家专利技术（北京）展示交易中心	中国技术交易所有限公司
2	天津	国家专利技术（天津）展示交易中心	天津市知识产权服务中心
3	上海	国家专利技术（上海）展示交易中心	上海市知识产权服务中心
4	重庆	国家专利技术（重庆）展示交易中心	重庆市知识产权局
5	安徽	国家专利技术（蚌埠）展示交易中心	蚌埠市科技情报所
6		国家专利技术（淮北）展示交易中心	淮北市高新技术创业中心
7		国家专利技术（合肥）展示交易中心	合肥市科技创新公共服务中心
8	福建	国家专利技术（福州）展示交易中心	福州技术市场
9	甘肃	国家专利技术（兰州）展示交易中心	兰州金桥专利技术展示交易中心
10	广东	国家专利技术（佛山）展示交易中心	佛山市生产力促进中心
11		国家专利技术（东莞）展示交易中心	东莞市技术与知识产权服务中心
12		国家专利技术（广州）展示交易中心	广州市知识产权信息中心
13		国家专利技术（深圳）展示交易中心	深圳市联创知识产权服务中心
14	贵州	国家专利技术（贵阳）展示交易中心	贵州阳光产权交易所有限公司
15	海南	国家专利技术（海南）展示交易中心	海南经济特区产权交易中心
16	河南	国家专利技术（河南）展示交易中心	河南专利孵化转移中心有限公司
17		国家专利技术（新乡）展示交易中心	新乡市生产力促进中心
18	湖北	国家专利技术（武汉）展示交易中心	武汉中国光谷知识产权信息中心
19		国家专利技术（宜昌）展示交易中心	国家专利技术（宜昌）展示交易中心
20		国家专利技术（襄樊）展示交易中心	襄樊市专利服务发展中心
21	湖南	国家专利技术（长沙）展示交易中心	长沙技术产权交易所有限公司
22	吉林	国家专利技术（长春）展示交易中心	长春高新知识产权服务中心
23	江苏	国家专利技术（苏州）展示交易中心	苏州工业园区知识产权服务中心
24		国家专利技术（常州）展示交易中心	常州技术产权交易中心有限公司
25		国家专利技术（无锡）展示交易中心	无锡市高新技术产权交易市场有限公司
26		国家专利技术（南京）展示交易中心	南京市科技成果转化服务中心

❶ 数据来源：中国企业知识产权网. 国家专利技术展示交易中心名单（截至2016年6月）[EO/BL].［2020－09－10］. http：//www.cneip.org.cn/html/257/24748.html.

续表

序号	省份	中心名称	依托主体
27	江西	国家专利技术（江西）展示交易中心	江西企业技术创新服务有限公司
28	辽宁	国家专利技术（沈阳）展示交易中心	沈阳技术交易所
29		国家专利技术（鞍山）展示交易中心	鞍山市高新技术交易中心
30	内蒙古	国家专利技术（呼和浩特）展示交易中心	呼和浩特市知识产权服务中心
31	宁夏	国家专利技术（宁夏）展示交易中心	宁夏回族自治区知识产权局
32	山东	国家专利技术（济南）展示交易中心	济南市知识产权信息中心
33		国家专利技术（青岛）展示交易中心	青岛技术产权交易所有限责任公司
34		国家专利技术（烟台）展示交易中心	中国（烟台）专利市场
35	山西	国家专利技术（太原）展示交易中心	山西省技术产权交易所
36	陕西	国家专利技术（陕西）展示交易中心	中国杨凌农业知识产权信息中心
37	四川	国家专利技术（四川）展示交易中心	四川省知识产权服务中心
38	新疆	国家专利技术（新疆）展示交易中心	新疆维吾尔自治区科学技术开发交流中心
39	云南	国家专利技术（昆明）展示交易中心	昆明市生产力促进中心
40	浙江	国家专利技术（宁波）展示交易中心	宁波市江东科技创业服务中心
41		国家专利技术（嘉兴）展示交易中心	嘉兴科技创业服务中心

以上这些中心承担着区域专利技术交易的职责，如国家专利技术（北京）展示交易中心主要承担北京地区的专利技术交易，拥有专利检索的功能。这些交易中心都设置了知识产权服务大厅和网上交易平台，集专利技术项目转让、信息利用、产品展示、专业培训及各类知识产权服务于一体，为广大发明人、中小企业及中小投资人搭建公益性专利技术交易服务平台。提供服务内容：（1）咨询登记服务。为专利权人提供知识产权管理、交易、融资和策划等服务；登记待转让的技术项目及投资信息。（2）项目展示。通过电视屏幕滚动播放专利技术项目；以展板的形式图文并茂地展示专利技术；通过实物展示专利技术产品。（3）网上交易服务。利用开放的网络平台，汇聚供需信息、技术信息、市场信息、法规政策信息等，播放专利技术视频，为市场各参与方提供有效的信息源和沟通渠道。（4）专利公报、图书查询。（5）知识产权综合服务。宣传普及知识产

权方面的法律法规，举办专利及相关知识产权培训活动，组织专利技术（产品）推介交易会，开展投资人、专利权人座谈交流等活动。

其中网上交易服务是这些交易中心的特色，如国家专利技术（深圳）展示交易中心，深圳市知识产权运营中心网络平台❶，设置需求信息、竞价大厅、转让信息等板块，这些板块都会对专利的信息做详细的介绍，如需求信息中展示了新能源燃油锅炉混合项目，对项目进行了详细描述：本项目以槽式以及菲涅耳线聚焦等太阳能热利用新技术去颠覆以化石能源为基础的工业文明发展模式；本项目拥有自主知识产权发明专利，专利号为ZL200910109406. 2 和发明专利申请号为 201310750122. 8（名称为一种太阳能与燃油气锅炉混合应用的热力系统和方法）；而且还记录了浏览次数为 1707 次。其竞价大厅设计了拍卖的模式对专利技术进行多次竞价，包括正向多次竞价和反向多次竞价，最高溢价的项目竟然高达 5233. 00%，而且报价超过 36 次，如图 3. 1 所示。

标的名称	竞价方式	起始价格（万元）	报价次数	最高报价（万元）	溢价率（%）	开始时间	结束时间
Vibration-...	正向多次竞价	¥3000000	36	¥160000000.00	5233.00%	2017-07-06 15:45:00	2017-07-06 18:29:05
噻吩并嘧啶酮类DPP...	正向多次竞价	¥80000	11	¥120000.00	50.00%	2017-07-05 14:57:00	2017-07-05 15:11:04
지능 만들다 (智能制...	正向多次竞价	¥10000	13	¥12400.00	24.00%	2017-07-04 10:25:00	2017-07-04 10:29:00
一组HRP5类似物C...	正向多次竞价	¥80000	10	¥90000.00	13.00%	2017-07-04 08:36:00	2017-07-04 08:41:47:166
지능 제조 사업 전...	正向多次竞价	¥10000	4	¥11800.00	18.00%	2017-07-03 16:27:00	2017-07-03 16:50:01
지능 제조 사업 전...	正向多次竞价	¥10000	37	¥20100.00	101.00%	2017-07-03 13:12:00	2017-07-03 13:35:01

图 3. 1　竞价大厅部分项目❷

通过网络交易的渠道，可以选取浏览次数、报价次数、成交专利作为核心专利的识别指标，其中浏览次数代表公众对此专利技术的关注程度，关注度越高，代表着其重要性或市场前景越高；报价次数则表示市场对此专利技术有需求，只要有报价一次即可认为此专利属于核心专利，报价次数越多当然代表着其重要性越高；成交专利毫无疑问应该属于核心专利，只有拥有市场前景的专利才会成交，而成交的专利也代表着此领域中，此

❶ 国家专利技术（深圳）展示交易中心.［2017 - 09 - 20］. http://www.szipee.org/requireInfo.asp?id = 28.

❷ 竞价大厅项目.［EB/OL］.［2017 - 09 - 20］. http://ctexportal.dwusoft.com/bid/hall/item?itemId = 123f43c15a7442318552a8352350cc90.

项专利技术属于符合市场需求的技术，从而属于核心专利。

3.2.4 专利诉讼

专利诉讼是指发生专利纠纷而产生的法院诉讼行为，关于专利纠纷可划分为权属纠纷、侵权纠纷，根据专利的类型还划分为发明专利权权属和侵权纠纷、实用新型专利权权属和侵权纠纷、外观设计专利权权属和侵权纠纷。根据“北大法宝”公布的数据显示，侵害发明专利权纠纷5239件，而全国发明授权专利为2599794件，发生侵害发明专利纠纷为0.2%。笔者以华为终端有限公司诉惠州三星电子有限公司等五被告侵害发明专利权纠纷一案［（2016）闽05民初725号］为例进行分析。

福建省泉州市中级人民法院对该案作出一审判决，华为自2010年1月28日就“一种可应用于终端组件显示的处理方法和用户设备”的技术方案向国家知识产权局提出发明专利申请。经实质审查，该申请于2011年6月15日被授予发明专利权，专利号为ZL201010104157.0，授权公告号为CN101763270B。授权的专利名称修改为“组件显示处理方法和用户设备”，该专利目前处于有效期内，应受法律保护。案件涉及两个焦点问题：（1）涉案移动终端所搭载的涉案技术方案是否落入原告的专利保护范围？（2）若侵权成立，五被告的具体责任承担方式及赔偿额如何确定？

法院通过审理认为：（1）涉案专利技术方案可以通过对被控侵权产品SM－J7108的简易操作直接再现，被控侵权产品SM－J7108落入涉案专利权利要求1、4、5、6、9、12、13、14的保护范围。并且，涉案专利名称是一种组件显示处理方法和用户设备，其直观体现在移动终端面对用户的图形操作界面上，至于移动终端内部代码的编辑、运行过程，与该案不具有关联性。因此，三被告认为需要通过对移动终端操作系统源代码进行鉴定才能判定是否侵权的说法，本院不予采纳。（2）至于侵权赔偿数额的计算方面，原告提交了经公证的IDC数据来佐证涉案移动终端的销售数量，该数据显示从2014年第三季度到2016年第三季度，涉案手机的销售数量为38818519台，销售金额为149.6972819亿美元，涉案平板电脑的销售数量为 418985 台，销售金额为 1. 696402605 亿美元。由此可见，涉案移动终端的销售量为 39237504 台，销售金额为 151. 393684505 亿美元。在计算三被告生产、销售的涉案移动终端的数量及销售金额时，可将销售数量 31422259 台、销售金额 127. 172724109 亿美元作为考量基准，并酌情上下浮动。

此外，原告提供了经公证的“三星电子株式会社 2015 年财报”，用以证明三星集团在其官网所披露的销售利润率为 13. 2%。虽然三星电子株式会社并非该案的当事人，但鉴于其为该案三被告的上级投资集团公司，所公布的利润率具有一定的参考价值，而且，根据三被告提供的工业与信息化部 2014 年针对国产手机的调查数据可知，国产手机的“行业平均利润率为 3. 2%，低于电子制造业平均水平 1. 7 个百分点”。结合以上分析，可大致估算出三被告销售涉案移动终端所得的利润区间，该利润区间的最低值以国产手机平均利润率为计算依据，具体数值为 4. 069527171488 亿美元（IDC 统计的涉案移动终端的销售额 127. 172724109 亿美元 ×2014 年国产手机平均利润率 3. 2%），最高值以三星电子株式会社官网披露的销售利润率为计算依据，具体数值为 16. 786799582388 亿美元（IDC 统计的涉案移动终端的销售额 127. 172724109 亿美元 × 三星电子株式会社官网披露的销售利润率 13. 2%）。若不考虑精确的人民币与美元的汇率问题，假定以汇率 6. 5 为计算依据，那么以人民币为货币单位计算而得的利润区间大致在 26. 451926614672 亿元至 109. 114197285522 亿元之间。

该院认为，移动终端的价值并不是其所使用的专利价值的简单叠加。一部移动终端由硬件与软件两部分组成，在移动终端的硬件配置日趋同质化的当下，直接面向用户的图形操作界面在提升移动终端视觉吸引力的同时，更带来差异化的用户操作体验，该差异化特征是消费者识别、选择智能移动终端的关键因素。图形操作界面对智能移动终端产品的利润具有实质性贡献。该案的涉案专利是智能移动终端用户图形操作界面的框架性核心专利，通过该专利的应用，首先解决了如何使用户简便地在多个分屏范围内移动、摆放特定 APP 图标的问题。

法院判决：被告福建泉州市华远电讯有限公司、泉州鹏润国美电器有限公司应立即停止对原告华为终端有限公司享有的“组件显示处理方法和用户设备”（专利号：ZL201010104157.0）发明专利权的侵害，即停止销售搭载涉案专利技术方案的移动终端；被告惠州三星电子有限公司、天津三星通信技术有限公司、三星（中国）投资有限公司应于本判决生效之日起十日内连带赔偿原告华为终端有限公司经济损失8050万元。

从上述案例可以看出，法院在针对专利诉讼时，会对专利技术进行评价，上述案件法院直接认定“本案的涉案专利是智能移动终端用户图形操作界面的框架性核心专利”，由此可见，通过专利诉讼可以作为核心专利的识别指标。另外，上述判决经济损失赔偿达到了8050万元，可以从判决金额的角度来考察是否属于核心专利。如果法院判决经济损失赔偿金额较小，则需考察是否属于没有证据不能获得赔偿，还是由于技术本身所带来的效果不是核心专利，因此没有获得高金额的赔偿。因此，在专利诉讼中，可以获得高赔偿额的专利肯定属于核心专利范畴，获得的赔偿数额可以代表专利的价值。

3.3 本章小结

本章以新能源汽车装置数据对核心专利识别指标模型进行实证研究，研究显示说明书页数、附图页数和摘要字数在逻辑回归中不显著，但在相关系数矩阵中显著，在此把这些指标综合成文献页数；权利要求数量、发明人个数、IPC分类号个数、同族专利数量是显著的。采用福建省新能源汽车技术领域数据的结果显示文献页数不显著，引证次数、被引证次数、权利要求数量、发明人个数、IPC分类号个数、同族专利数量、专利转让都是显著的。

专利质押是核心专利评价的重要指标，而且专利质押的次数越多，其专利的重要程度越高。被许可的专利不一定就代表核心专利。能进入复审和无效的专利对于申请人而言都是比较重要的专利，可以认为这些专利都是核心高价值的专利。网络成交专利毫无疑问应该属于核心专利，只有拥有市场前景的专利才会成交，而成交的专利也能代表此领域中，此项专利技术属于符合市场需求的技术，从而属于核心专利。在专利诉讼中，获得高赔偿额的专利肯定属于核心专利范畴，获得赔偿的专利代表着一定的高价值性。

第4章　核心专利管理

核心专利对于产业发展至关重要，特别是在创新、运用和保护等方面都体现其作用，前面通过多元回归模型得到引用专利数量、IPC分类号数量、同族专利数量和同族专利被引用专利数量与核心专利显著正相关。因此，在考察某个技术领域的核心专利时，可以先通过上述指标进行初步筛选，再通过专家阅读的方法确定其核心专利，以提高效率。

下面考察核心专利在产业技术创新能力、产业发展、产业运行决策和产业商业模式创新中的作用，研究核心专利如何引导和支撑产业科学发展，探索核心专利与产业运行决策的深度融合、核心专利如何与产业创新能力高度匹配、专利布局如何对产业竞争地位进行保障、核心专利如何对产业运行效益进行有效支撑。

4.1　核心专利支撑产业创新

产业创新是对旧产业结构的创造性破坏，增加新的技术，产生新的产品。产业创新是一个系统的过程，市场需求只是给产业创新提供了前提条件，需求是产业创新的根本动力，任何新产业的诞生或旧产业的改造都是需求的产物，但产业创新能否实现，还受一系列客观因素的制约。这些因素包括技术要素、资本要素、人力要素、外部要素。其中，技术创新是产业创新的发动机，一个新产业的萌芽往往是由于一项新的技术获得突破以后才出现的，技术要素是产业创新的关键性要素。一方面，技术创新是最本质的资源配置手段，如果实现了技术创新，获得技术突破，其技术创新的成果得到市场的检验，资源就会在市场的作用下围绕技术创新成果进行配置，这也会给产业带来分化的机会。另一方面，由于技术的突破带来效率的提高，使需求得到更大的满足，产品的价格会更低，功能会更好，这可以刺激产生更多的需求，从而保证了产业的市场需求增长，为产业创新提供更大的市场空间。如果技术创新没有获得突破，产业创新所依赖的技术条件不具备，产业创新就不会突破，新产业也就不会诞生。

在所有影响产业创新的要素中，技术要素起着十分重要的作用。第一，技术要素从根本上形成了产业间的差别，可以将新兴产业从传统产业中独立出来。无论资本怎样增加，它不会带来产业性质上的改变，人力资本虽然可以成为技术创新的支持性因素，但如果没有转化为技术要素或制度要素，仍然不会形成新的产业。在新兴产业的形成过程中，起决定作用的仍然是技术要素。第二，技术要素的排斥作用更强，这种作用使产业通过技术壁垒将自己保护起来，保持自身的独立性。进入产业的资本要素和人力要素因其通用性并不难以获得，而技术要素则因为其垄断性而无法随机获得。因此，技术将产业保护起来，排斥不拥有技术要素的企业随意进入。尽管看到某些市场十分有前景，但因没有掌握必要的技术而难以进入，因此，技术必然成为企业间竞争的重要因素。

较低级的技术在进入生命周期的成熟阶段后，后一时期产生的新技术迅速成长，取代前项技术，成为产业的核心技术，产业技术水平在传统技术与新技术的交替中不断上升到新的层次，通过多次的产业创新后产业也向高级化和知识化发展。因此，核心技术的出现和发展决定了产业的创新，显著地影响了企业的竞争优势或产业结构，当其能替代原有技术时，则对产业创新有较大的影响，会诱发产业创新。

核心专利在产业技术创新中起到了重要的作用，只有核心技术的突破才能带来产业的发展，如新能源汽车装置领域，其核心技术是电池，只有突破了电池的蓄电能力、电池的动能转化技术，再与现有的汽车其他技术相结合，才能实现新能源汽车产业的蓬勃发展。而核心专利往往体现的就是核心技术，通过对核心专利的识别和解读，就能描绘新能源汽车装置领域的技术发展脉络。

新能源汽车装置领域的核心专利专利权人及其数量情况如表 4.1 所示（截至 2019 年 6 月 30 日），其中，无锡同春新能源科技有限公司拥有最多的核心专利为 7 件，接下来是清华大学有 6 件，其他的专利权人各拥有几件。上述的这些专利权人所拥有的核心专利代表着其在新能源汽车装置领域的核心技术突破，这些专利技术的产生对产业创新有着重要的指导作用，能有效地支撑产业创新。

表 4.1　核心专利专利权人及其数量情况

专利权人	数量	专利权人	数量
无锡同春新能源科技有限公司	7	南通大学	2
清华大学	6	上海汽车集团股份有限公司	2
北京工业大学	3	同济大学	2
上海神力科技有限公司	3	新源动力股份有限公司	2
引峰新能源科技（上海）有限公司	3	中国航空工业集团公司北京长城计量测试技术研究所，北京海冬青机电设备有限公司	2
重庆长安汽车股份有限公司	3		

4.2　核心专利引导产业发展

核心专利有效地支撑产业创新，具有战略性和前瞻性。其战略性价值体现在产业层面和企业层面，产业层面是指核心专利在重点产业、战略性产业上发挥的引领带动作用；而在企业层面，核心专利对企业的发展作用明显，可大幅提升企业市场竞争力。所谓前瞻性，是指核心专利一定是技术领先，在企业发展目标和实现路径上能够发挥支撑作用，可以起到面向未来、引领产业行业发展的作用，或者可以牵引企业实现战略目标，引领或推动企业实现创新发展的核心专利。

4.2.1　核心专利与产业技术创新能力

核心技术的突破能带来产业创新能力的突破发展，核心专利是与产业创新能力紧密相关的，引导和支持企业提高知识产权创造质量和运用效益，将知识产权优势转化为产业优势，促进产业转型升级，提升产业层次和企业竞争力。

产业集群是有效的产业创新战略，是提高经济竞争力的有效途径。集群式产业创新是以集群的组织方式，运用集群组织优势，以专业化分工和协作为基础的同一产业或相关产业的企业，通过地理位置上的集中或靠近，产生创新聚集，从而获得创新优势的一种创新组织形式。这种组织的结构介于纯市场和纯层级两种组织之间，比市场组织稳定，比层级组织灵活。借助这种特殊的组织结构，企业之间建立长期、稳定的创新协作关系，如中国航空工业集团公司北京长城计量测试技术研究所和北京海冬青机电设备有限公司作为共同专利权人，共同申请专利，还可以与高校科研院所共同开发合作开发核心技术。清华大学、北京工业大学、南通大学和同济大学拥有多项核心技术，说明其拥有强大的研发能力，可以通过专利许可、专利转让、委托开发等形式，对其核心专利进行转化，以提升新能源汽车装置领域的产业创新能力。

技术创新是企业研发的重要课题，国家实施创新驱动发展战略要求把创新放到全局核心地位，只有通过创新才能实现产业转型升级，从依靠劳动密集型产业向技术密集型产业转型，新技术的发展使得我国与发达国家站在同一起跑线，有可能实现弯道超车，对技术创新提出了更高的要求，核心专利是技术创新成果的集中体现，通过专利的激励和保护机制来促进技术创新，从而实现产业的跨越式发展。

技术创新的突破往往需要多方的努力，技术研发人员从事第一线的工作，企业为研发人员提供各种支持，而政府部门则提供政策支持和引导，如量子技术的发展就是国家的重要战略，国家通过政策引导和资金支持，进行基础性的研究工作，吸引企业的人员和资金的投入，进行商业化的工作。技术创新取得突破以后可以为整个行业带来颠覆性的发展，如 5G 技术的突破，为通信领域带来巨大的变化，也为使用者提供便利，当然，技术创新实现突破以后，需要申请核心专利进行强有力的保护，如果没有相关的专利保护，创新不能持久。

4.2.2 核心专利布局与产业发展

掌握核心专利的大企业可以利用自身优势，对新技术进行研发，做好专利布局，研发三代技术，使用二代技术，许可一代技术，保持在产业中的优势，对于突发的新技术公司可以采取收购策略，使自身在产业链中保持优势。然而，对于大多数技术实力尚不足的企业而言，没有掌握核心技术或专利并不意味着技术创新的大门已经关闭，只要对核心专利合理利用，依然可以在技术创新和专利保护上走出一条符合自身发展特点的道路。

首先，需要聚焦行业内的核心专利，深入学习研究和消化吸收，并运用多种研发工具对现有技术进行改进，在核心专利外围进行可能的创新布局，实现外围技术或者应用技术的突破，进而争取交叉许可，通过交叉许可降低核心专利的许可费用。其次，在布局之外，还应当在核心技术基础上，在技术的演进中开创自己的核心技术，可以针对某个技术点展开深入的研发，并布局核心专利和外围专利，形成能够独当一面的组合专利。最后，为了提高企业利润和扩大市场竞争力，还应积极“走出去”，参与全球市场竞争，在全球主要市场和潜在市场布局相关核心专利。

这些专利布局需要专利数据库的支撑，只有在建立、跟踪新技术的基础上，通过专利分析找准技术突破口，这是技术研发领域进一步转型升级的“不二法门”。通过专利分析，还可以建立专利预警机制，对日本、美国、德国等国家的主要竞争对手，进行动态专利分析，跟踪其技术发展，寻找突破点，寻找研发方向，根据核心专利做规避设计，充分利用专利的地域性，实现技术的突破。针对重要技术点开展专利布局，从核心技术到外围技术，再到具体应用技术，形成完整的专利布局，或者从产品原料、设备、工艺等角度进行布局，防止竞争对手绕开专利产品，这样一旦发生侵权，可以有效地进行保护和维权。

构建行业专利池，制定合理的专利共享机制和防御机制，促进企业“抱团作战”，从而降低交叉许可成本，为企业可能会遭遇的专利纠纷提供谈判筹码或应诉武器。

产业的发展依赖技术的发展，技术的发展依赖专利的保护，新产业的出现需要上下游企业的配合，从原材料提供、设备制造、工艺生产到产品上下游的开发和利用，形成一个庞大的产业链，在整个产业链的各个节点都可以有自己的核心产品和核心技术，再围绕着核心产品和核心技术布局核心专利和外围专利，通过专利网进行保护，使得该产业得以良好发展。

4.2.3　核心专利与产业运行决策

产业运行包含着政府、行业协会和企业等三方面主体的运行，只有三个主体有机协调才能实现产业的健康发展。

对于政府而言，最重要的作用在于提供政策的支持，运用政策来实现市场需求，扶持产业发展，对高投入的基础研发提供资金支持，突破基础技术，可以委托高校科研院所和企业共同研发基础技术。而基础技术的研发有可能出现失败，此时政府的作用就尤其明显，通过政策的引导，国家力量的投入，实现基础技术的突破。基础技术的突破往往出现产业的核心专利，核心专利的出现能引导产业的创新能力提高，再组织相关的企业围绕着核心专利开展研究，实现完整的产业链。既有核心专利，又有外围专利，实现全产业链。政府政策资金的引导作用明显，充分运用资金集中力量实现基础技术的突破，从国家层面进行基础性的研发，在这些原创新基础研发取得突破时，往往会带动新的产业发展，把经济社会发展带到全新的领域。

对于行业协会而言，在产业发展过程中，行业协会是个很好的纽带，如产业集群就需要行业协会作出相应的贡献。因为，企业往往都是单枪匹马作战，立足点就是企业本身，而企业有其自身的局限性，此时需要行业协会从整个行业的角度出发，配合政府的政策，划分产业集群，制定国家产业发展规划，避免重复研发、恶性竞争，对整个技术研发做好分工，实现整个产业行业的发展。可以把基础技术划分为几个联合研发团队，在现有的研发力量的基础上，实现某个技术点的突破，为整个行业发展作出贡献。行业协会还可以在专利纠纷中起到很好的调解作用，抱团进行海外维权，制定行业标准，为整个行业的良性发展提供重要的支持作用。

对于企业而言，企业是创新主体，也是核心专利培育的主体。其专利一头连着创新，另一头连着市场。无论是政府主管部门，还是科研院所、知识产权服务机构，都可以支撑、支持企业做好核心专利的培育。不断创新、掌握核心专利，是赢得发展、占领市场的有力武器。企业则根据自身的优势，结合国际发展现状，瞄准某个技术点，集中力量攻关，提升市场竞争力，随着企业研发水平的不断提升，技术创新带来产品创新，创新质量逐步提升。

4.2.4 核心专利与产业商业决策

核心专利是高价值的专利，一般拥有良好的市场前景，技术上的先进性不一定代表着商业上能取得成功，企业在进行商业决策时考虑因素颇多，新产品研发成功时是主推新产品还是保留老产品的市场销售份额。如果老产品的市场占有率极高，贸然推出新产品是否会对老产品的市场份额造成损失，新产品从上市到大规模销售需要一个过程，也有可能会推广失败。产品商业化、市场化有着众多的影响因素，市场营销往往起到很重要的作用，但是市场营销对于产品的宣传是多方面的，比如高性价比、产品质量强、产品技术领先等。技术上的领先对于市场营销而言，肯定是个极好的卖点，商家也往往会把获得专利的情况用于产品营销广告，提升产品的销量。因此，技术上的突破可以为商业化提供良好的宣传点，利用技术上的优势进行广告宣传，形成商业化的产品。

核心专利代表着产品的核心技术点，产品商业化过程中，可以围绕着新技术的功能开展有利的宣传，消费者通过专利的渠道，了解新产品的功能，获知新产品的特性。与原有产品作区分，往往可以提高产品的价格，高出的价格部分就是新技术所带来的产品升值，比如在药品行业，很多药品顶着创新药、专利药的光环向药品监督管理局申请新的批号，使产品的价格翻了好几番，体现了专利为产品所带来的价值，如果是核心技术的突破，解决长期以来未能解决的病症，将为广大患者带来治疗的希望，这些药品的定价都极高，为药品的研发提供高额的补偿。

产业商业决策中需要利用专利导航为产业服务，专利导航是以专利信息资源利用和专利分析为基础，把专利运用嵌入产业技术创新、产品创新、组织创新和商业模式创新之中，是引导和支撑产业科学发展的一项探索性工作。专利导航是产业决策的新方法，是运用专利制度的信息功能和专利分析技术系统，引导产业发展的有效工具。专利导航能够梳理一个行业或某项技术的发展脉络，研判行业发展趋势；能够梳理技术路线，确定优化的技术研发路径；能够对市场状况进行分析，制定产品销售方向和产品销售策略；能够分析产业或技术的全球专利布局，规避风险，建立应对纠纷策略。专利导航在梳理产业发展脉络时，对核心专利进行标引，在产业发展的每个重要节点都会有核心专利出现，通过梳理核心专利的发展考察产业技术的发展，预测产业发展趋势。考察产业发展所处的技术生命周期，通过技术生命周期的把握来进行商业决策。如果处于初始期，市场竞争激烈，可能会有多条技术路线，往往最后只能保留一种技术路径，竞争胜出的技术路径将会形成核心专利保护圈；如果处于成长期，市场竞争者相对稳定，但是技术发展非常迅速，需要在核心专利的基础上做好专利布局；如果处于成熟期，市场竞争者相对集中，一般会形成几家大型公司垄断市场份额，各方都拥有相对数量的专利，形成市场的均衡；如果处于衰退期，市场竞争者慢慢减少，专利的保护作用相对减弱，市场竞争者趋向研发新的技术。

因此，核心专利的突破将会给产业带来极大的改变，为产业商业模式带来冲击，带动产业商业的发展。

4.3　本章小结

综上所述，核心专利对于产业发展至关重要，通过对核心专利指标的研究，以及核心专利在支撑产业创新、引导产业发展的研究，提出以下几点建议。

（1）在考察某个技术领域的核心专利时，可以先通过引用专利数量、IPC 分类号数量、同族专利数量和同族专利被引用专利数量指标进行初步筛选，再通过专家阅读的方法确定其核心专利，以提高效率。

（2）核心专利对于产业创新有着极其重要的影响，需要重视核心专利的研发，而核心专利的研发可以通过产业集群来实现，再运用专利许可、专利转让、委托开发等形式，对其核心专利进行转化，以提升产业创新能力。

（3）核心专利的布局对产业发展有着重要的影响，可以通过深入地学习研究和消化吸收现有技术，在其基础上进行改进获得外围专利，以实现交叉许可，或者降低核心专利的许可费用的功能；还应当在核心技术基础上，在技术的演进中开创自己的核心技术，并布局核心专利和外围专利；建立自己的行业数据库，通过跟踪核心技术发展，寻找突破点，寻找研发方向，根据核心专利进行规避设计，充分利用专利的地域性，实现技术的突破；构建行业专利池，制定合理的专利共享机制和防御机制，促进企业“抱团作战”。

（4）核心专利与产业运用决策中，需要政府、行业协会和企业三方面有机结合，通过政策引导，行业协会协调，以企业自主创新为主体，实现某一技术领域的核心专利的突破，进而提升市场竞争力，实现整体产业的发展。

第 5 章　核心专利司法保护理论与实证研究

专利司法保护是包含专利权的重要内容，也是保护创新主体的法律保障，而专利诉讼活动是专业化极强的司法活动，被提起诉讼的专利可以被认作核心专利，研究司法判例可以更有效地对核心专利进行保护，本章将讨论专利司法保护理论、国际比较，并从实际案例出发研究核心专利的司法保护问题。

5.1　专利司法保护理论研究

专利司法保护在于激励创新。加强专利保护，是完善产权保护制度最重要的内容，也是提高我国经济竞争力最大的激励。专利司法保护是知识产权保护体系的重要力量，发挥着不可替代的关键作用。加强专利司法保护，是我国遵守国际规则的承诺、也是推动我国经济高质量发展的要求。

在法律层面上，《专利法》第七章专利权的保护中有明确的规定，包含了保护范围、侵犯专利权的诉讼、方法发明的证据规则、专利权评价报告的适用、现有技术抗辩以及行政保护。法院处理专利侵权案件涉及最高人民法院的三个司法解释，即《最高人民法院关于审理专利纠纷案件适用法律问题的若干规定》《最高人民法院关于审理侵犯专利权纠纷案件应用法律若干问题的解释》以及《最高人民法院关于审理侵犯专利权纠纷案件应用法律若干问题的解释（二）》，针对具体的法律适用问题出台相应的司法解释，用于法律条文的具体解释。

对于专利司法保护而言，其基础理论在于激励创新，我国 20 世纪 80

年代至90年代，以行政保护主导；加入世贸组织以后，以行政保护和司法保护并重；党的十八大以来，专利司法保护主导作用日益显现，尤其是北上广三地成立了知识产权法院，而后在全国成立多家知识产权专门审判机构，司法保护主导作用越来越强。2017年11月20日，《关于加强知识产权审判领域改革创新若干问题的意见》由十九届中央全面深化改革领导小组第一次会议审议通过，最高人民法院设立知识产权法庭。2019年1月1日，最高人民法院知识产权法庭正式挂牌办公，知识产权法庭是最高人民法院派出的常设审判机构，统一审理全国范围内专利等专业技术性较强的民事和行政上诉案件，肩负着统一专利等知识产权案件裁判尺度、加快创新驱动发展战略实施的重大使命，通过实现审理专门化、管辖集中化、程序集约化和人员专业化。

专利司法保护理论涉及专利权属纠纷、专利有效性诉讼、专利侵权认定标准、专利赔偿数额计算、现有技术抗辩和合法来源抗辩等内容。专利权属纠纷和专利有效性诉讼是针对专利自身属性而言，判断权利归属于哪一方，是否可以申请专利或者专利权利是否稳定，更多地体现了专利行政方面的规范。专利侵权认定标准和专利赔偿数额计算是专利司法保护理论的核心内容，现有技术抗辩和合法来源抗辩是被诉侵权方依据法律制度所提出的不侵权抗辩理由，但是其技术还是落入专利的保护范围。

5.1.1 专利侵权认定标准

世界上许多国家的专利制度都经历了专利权保护范围最先以专利说明书的内容为准到以权利要求书的内容为准的演变过程，判断专利权的保护范围以权利要求书所记载的内容作为比较对象，现有的侵犯专利权的行为包括相同侵权行为和等同侵权行为，法律规定的侵权认定原则有全面覆盖原则、等同原则、多余指定原则等。其中多余指定原则中，专利权人将不必要的特征写入独立权利要求，被控产品虽然缺少了这一项非必要技术特征，但还是被认定侵权。这是由于专利制度发展过程中，专利申请人对专利撰写质量把握不严，在后期的法院审理中已经被摒弃。

相同侵权是指被控侵权的产品或者方法中能够找出与权利要求书中记载的每一个技术特性相同的对应技术特征，采用的判断方法是全面覆盖原则，把被控侵权的产品或者方法进行技术分解，再根据分解后的技术与权利要求书记载的技术特征进行一一比对。如果是字面意思一样的就落入保护范围，也可以是专利权利要求中使用的是上位概念，被控侵权产品的结构属于上位概念中的具体概念，还可以是被控侵权产品的技术特征多于权利要求记载的技术特征。只要被控侵权产品分解后的技术特征都在专利权利要求书记载范围即可，对于方法专利而言，被控方需要证明自己所使用的方法不同于专利方法，从而制作出相同的产品。

等同侵权是指将被控侵权的产品构成与专利权利要求书记载的相应技术特征进行比较，如果所属技术领域的普通技术人员在研究了专利权人的说明书和权利要求后，认为可以不经过创造性的劳动就能够联想的，是显而易见的创作，比如等同替换、部件移位、合并等替代手段实现专利的发明目的，并且与专利技术相比，在发明目的、采用的技术方案和效果都相同或者基本相同的，则应当被认定侵权成立。在判断的时候，把被控侵权的产品进行技术分解，再根据分解后的技术与权利要求书记载的技术特征进行一一比对，把不同的技术特征抽取出来单独对比，一般是涉及分解后的单个技术特征与权利要求书记载的不同，再把此技术特征与权利要求书所记载的技术特征进行比对，如果是等同替换，则可以认为构成等同侵权。

5.1.2　专利赔偿数额计算

《专利法》第 65 条规定了专利赔偿数额的计算方式，包括实际损失、侵权获利、专利许可使用费的合理倍数和法定赔偿标准等四种形式，从而明确专利赔偿数额计算的依据，但是现实中实际损失难以确定，司法解释有明确实际损失可以根据专利权人的专利产品因侵权所造成销售量减少的总数乘以每件专利产品的合理利润所得之积计算。权利人销售量减少的总数难以确定的，侵权产品在市场上销售的总数乘以每件专利产品的合理利润所得之积可以视为权利人因被侵权所受到的实际损失。采用变通的方式计算实际损失，即权利人销售量减少是个难以计算的对象，采用侵权产品的销售数量来计算则是相对确定的数据。对于侵权获利而言，侵权产品的实际销售数量难以获取。根据举证责任证据规制，“谁主张谁举证”，专利权人要求对侵权产品的实际销售数据负举证责任，然而实际情况下，专利权人往往不能获取侵权方的财务数据。虽然法律规定可以请求法院对侵权方提起证据收集，但是，现实中法官往往没能进行此项工作。

专利许可使用费在适用时也会遇到难点，一是此项专利并没有进行许可使用，而是专利权人自行使用，因此，没有专利许可使用费；二是此项专利虽然有进行许可使用，但是，被许可方是关联公司，专利许可使用费只是象征性的规定，另外专利许可使用费涉及商业机密，专利权人并不愿意提供给法院。因此，专利许可使用费也往往难以适用。法定赔偿标准的适用最多，专利权人举证不能或者不愿举证，由法院适用法定赔偿标准，在规定的数额范围内进行酌情判定。

专利赔偿数额的计算是专利司法保护中的难点问题，和育东（2009）认为中国目前的四种损害赔偿方式均存在不足，其中权利人因侵权所失利润最为欠缺等。通过对比多个发达国家关于损害赔偿的计算方式，突出中国在专利侵权损害赔偿计算方式上的各种欠缺，提出我国在专利赔偿中具体的计算方法需要改进，诸如边际利润、技术分摊规则的适用以及全部市场价值规则等规定。❶

2020 年 10 月 17 日，第十三届全国人民代表大会常务委员会第二十二次会议通过《全国人民代表大会常务委员会关于修改〈中华人民共和国专利法〉的决定》，其中第七十一条修改为：“侵犯专利权的赔偿数额按照权利人因被侵权所受到的实际损失或者侵权人因侵权所获得的利益确定；权利人的损失或者侵权人获得的利益难以确定的，参照该专利许可使用费的倍数合理确定。对故意侵犯专利权，情节严重的，可以在按照上述方法确定数额的一倍以上五倍以下确定赔偿数额。权利人的损失、侵权人获得的

❶ 和育东．专利侵权损害赔偿计算制度：变迁、比较与借鉴［J］．知识产权，2009，19（113）：7－18．

利益和专利许可使用费均难以确定的，人民法院可以根据专利权的类型、侵权行为的性质和情节等因素，确定给予三万元以上五百万元以下的赔偿。赔偿数额还应当包括权利人为制止侵权行为所支付的合理开支。人民法院为确定赔偿数额，在权利人已经尽力举证，而与侵权行为相关的账簿、资料主要由侵权人掌握的情况下，可以责令侵权人提供与侵权行为相关的账簿、资料；侵权人不提供或者提供虚假的账簿、资料的，人民法院可以参考权利人的主张和提供的证据判定赔偿数额。”修改后的专利法强化了专利的保护，规定了恶意侵权的惩罚性赔偿条款，对法定赔偿标准的最低数额提高到3万元，对被侵权人要求提供财务账簿等材料作出相关的规定，整体上加大了专利的保护力度。

5.2　专利司法保护国际比较研究

世界上绝大部分国家都制定了专利相关法律，我国的专利制度是从国外引进的，本书将考察美国、德国和日本等国家的专利司法保护制度。

5.2.1　美国专利司法保护制度

美国自1789年开始实施的《美国宪法》第一章第8条第8款指出，国会有权“保障著作家和发明人对各自的著作和发明在一定的期限内的专有权利，以促进科学和实用艺术的进步”。18世纪末《美国专利法》颁布初期的制度演进历程，包含1790年和1793年《美国专利法》两部法律文件，其中，1790年《美国专利法》的颁布标志着美国专利立法进程的开启；1793年《美国专利法》的修订则意味着美国专利制度形态的初步形成。美国是判例法国家，判例对其解释和创造法律有着极其重要的作用，美国通过成文法和判例来确定对专利的司法保护体系。

美国的专利侵权认定标准也是采用全面覆盖原则和等同原则，美国联邦最高法院建立等同原则的历史可以追溯到1818年美国联邦最高法院对

Evens v. Eaton 一案的判决。其后，在 1950 年对 Graver Tank & Mfg Co. v. Linde Air Products Co. 案的判决对等同原则的确定影响巨大，该案件指出：在确定被控侵权产品是否侵犯专利权时，应当首先依据权利要求的文字进行判断，如果被控侵权产品落入权利要求文字所表达的保护范围之内，则侵权成立。但是，还必须意识到如果允许他人在稍加变动后就可以利用专利发明，那么专利保护就会变得空洞无用了，因为完全一模一样的照抄是十分少见的。❶

美国法院计算专利侵权损害赔偿额的方式有三种，第一种是所失利润，第二种是合理许可费，第三种是故意侵权的情况下在上述两种计算方式的基础上的三倍惩罚性赔偿原则。根据《美国专利法》第 284 条的规定，法庭可以根据情况判给胜诉的专利权人最高三倍的惩罚性赔偿金。虽然条文并未具体列举在何种情形下适用惩罚性赔偿，但美国法院在司法实践中通常将故意侵权作为惩罚性赔偿的依据。根据 1978 年的 Panduit 案确立的规则，专利权人因侵权而提出索赔时需要证明以下四个要素：（1）市场存在对专利产品的需求；（2）市场上没有可接受的非侵权替代品；（3）权利人具有满足此市场需求的制造和销售能力；（4）权利人有可能赚取的利润额。❷ 但无论是以利润损失还是以合理的许可使用费计算赔偿额，当一个产品既包含专利技术又有非专利技术时，需要明确专利产品是一个单独的整体产品，还是一个整体产品中的一小部分，即是仅仅以专利技术在侵权产品中所贡献的经济价值计算赔偿额，还是不加区分，以整个产品的经济价值为基础计算赔偿额？对此问题的不同回答，就有了技术分摊规则（apportionment）和全部市场价值规则（entire market value rule）之分。所谓技术分摊规则，即在计算权利人的利润损失时扣除并非由被侵权专利所贡献的价值。而按照全部市场价值规则，即使侵权产品中包含了非专利技术，专利权人仍然可以以整个产品的市场价值为基础计算赔偿额。❸

---

❶ 339 US 605，（1950）.

❷ 197 U. S. P. Q. 726（6thCir. 1978）.

❸ 谢黎伟. 美国专利侵权赔偿制度的变革和启示［J］. 齐齐哈尔大学学报（哲学社会科学版），2012（4）：35－38.

目前美国专利侵权案件 80% 以上采用合理许可费计算方式确定赔偿额。❶ 所谓的合理许可费，就是假设侵权人不侵权而愿意支付许可费的话，应该支付而没有支付的许可费。确定合理许可使用费的原理是，在侵权行为发生时，一个谨慎的被许可人期望制造和销售体现专利技术的发明所愿支付的许可使用费，支付该许可使用费后尚有合理的利润；该许可使用费也是专利权人愿意发放许可的数额。❷ 专利权人可以选择按照该赔偿方式来进行赔偿，但要负举证责任，最终具体计算赔偿的方法由法院进行裁量。其中，合理许可费计算出来的赔偿额是损害赔偿的底线。还可以包含间接损失，如律师费、利息、费用三种，律师费一般都是由各自负担，但在特殊情况下法院可以判定胜诉方获得合理的律师费赔偿，比如案件能够被认为特殊情况从而可能得到律师费的情形为滥诉和故意侵权。利息包括判决前利息和判决后利息。专利权人可对除了律师费外所有因主张专利权发生的费用，由法院来确定具体包括哪些以及赔偿多少。

为克服合理使用费对侵权行为无震慑力的缺陷，《美国专利法》规定，对于恣意侵权和故意侵权采用三倍赔偿金的方式制裁侵权行为，即故意侵权的，在合理许可费或者利润损失的基础上提高到其金额的三倍。认定故意的三个关键：（1）侵权人是否知道该专利存在且受保护；（2）侵权人知道后，是否认为自己的行为未侵权或认为该专利无效；（3）侵权人知道专利权存在后是否善意行事。

5.2.2　德国专利司法保护制度

德国专利侵权认定标准也是采用全面覆盖原则和等同原则，在赔偿数额的计算方式上略有不同。

根据《德国专利法》第 139 条的规定，当发生专利侵权时，专利权人有权要求侵权人进行赔偿。在专利侵权损害赔偿数额的确定上，专利权人

❶ 张韬略. 1995—2013 年美国专利诉讼情况实证分析［EB/OL］.（2016 - 06 - 27）［2020 - 11 - 20］. http：/ /www. nipso. cn/onews. asp? id = 26254.

❷ 318 F. Supp. 1116（S. D. N. Y. 1970）

可以依据实际损失、侵权人所获利益以及类推的合理许可费三种方法进行计量。专利权人可以在这三种方式中自由选择，当侵权人做出赔偿或者判决结束后，专利权人的此种选择权才失效，三种方法不能混合使用，更不能累加使用。[1] 即德国专利侵权损害赔偿的计算方法有三种：实际损失、侵权人所获利益、类推的合理许可费，且专利权人有自由选择三种计算方法的权利。

实际损失：有两种方法：（1）具体方法。专利权人具有举证的责任，证明因为侵权人的侵权行为造成了专利产品的交易失败，导致失去了本该拥有的收益。要求专利权人证明其特定交易的失败是基于侵权人的侵权行为，同时该特定交易能给专利权人带来特定的利益，此时专利权人承担完整的证明责任。（2）抽象方法。专利权人因其专利产品的销售所预期的收益。当然，侵权人也可证明专利权人在现实生活中是难以获得该利润的，实际损失不仅仅包括利润损失还包括专利权人现存资金的减少。所涉及的利益指的是专利权人基于其正常的商事活动可预期的利益。为了证明利益损失的数额，专利权人必须公开和证明其计算损失的过程，为了计算利润损失，销售价格的计算必须考虑专利权人在实际生产和销售产品过程中所产生的成本支出。

侵权人所获利益：销售收入，应扣除的成本，因权利侵权所获利益的比重占总收益的比重，目的是追求一种公平的计算方式。由于计算的复杂和现实中存在复杂因素的影响，德国允许最终判决的专利损失数额与实际损失存在差异。专利权人可依据侵权人提供的数据来计算赔偿额，而不向竞争对手公开内部信息，除此之外，还有机械设备的销售总收入、其他设备、材料。应扣除的成本为扣除收益的特定成本费用。管理费用和一般的市场费用，如创设和发展商务活动的支出、为专利侵权纠纷发生的诉讼费、消费者的索赔、召回和销毁侵权产品的支出等不在成本内。成本费包括侵权产品的材料、包装、运输、生产设备、租赁费和消耗物成本，贴现成本，保险支出，代理人佣金。

---

[1] 戴哲，张芸芝．德国专利侵权损害赔偿额的计算方法及启示［J］．重庆理工大学学报（社会科学），2017，31（4）：94－104.

类推的合理许可费：许可费的计量基础和许可费率是计算类推合理许可费的核心。许可费数额的计算建立在专利权人与被许可人达成协议的专利许可费的基础之上，如果许可协议的数额足以证明专利的补偿机制，则专利许可费对于使用类推许可费的计算方法具有决定性作用。如果专利权人并未与第三方就涉案专利达成专利许可，则由法院依据协议中的实际使用来决定许可费和许可费率。需要注意的是，法院并不需要考虑专利权人是否真正会给予侵权人专利许可，同时也不需要考虑专利是否为消费者决定购买侵权产品的原因，或者产品可能在没有专利的情况下依旧以相同的市场价格销售。

5.2.3　日本专利司法保护制度

《日本专利法》通过 1998 年修法以后形成了较为完备的专利侵权损害赔偿体系。日本专利侵权损害赔偿制度有一个理念的转变，就是不局限于对专利权人所遭受的损害进行填补，而是从抑制侵权行为思路出发，得出适当的损害赔偿的金额。[1]《日本专利法》第 102 条规定：专利权人或专用实施权人对于因故意或过失而侵害自己的专利权或专用实施权的人，当请求因其侵害自己权利提出损害赔偿时，有关人员因其侵害行为而得到利益时，其所获利益的金额，推定为专利权人或专用实施权人所受损害的金额。专利权人或专用实施权人，对于因故意或过失而侵害自己的专利权或专用实施权人，将相当于对实施该专利发明通常应得金额，作为自己受到损害的金额要求赔偿。前款的规定，不妨碍请求超过同款规定金额的损害赔偿。在此情况下，侵害专利权或专用实施权人非故意或无重大过失时，法院有权斟酌决定损害的赔偿金额。[2] 即损害赔偿方式为三种：专利权人逸失利润，侵权人获利，合理许可费用三种方式；日本专利侵权损害赔偿制度包含了五个方面。

第一，逸失利益的数额推定。当专利权人证明其销售产品为被控侵权产

[1] 张鹏. 日本专利侵权损害赔偿数额计算的理念与制度［J］. 知识产权，2017（6）：87－98.

[2] 李龙. 日本专利法研究［M］. 上海：华东理工大学出版社，2018.

品的销售数量为基数乘以单位可获利润，逸失利益的推定数额以专利权人的销售能力为限度。若通过推定逸失利益来降低专利权人证明因果关系的困难，专利权人要满足以下条件：（1）不存在侵权行为时，专利权人可以销售其专利产品。（2）专利权人需要证明其单位可获利润。（3）专利权人需要证明其具有实施能力。同样侵权人也要举证：其产品价格廉价，市场需求是由于其产品中不具有所保护的专利的技术特征的那些特征所引发的等。

第二，侵权者利得的数额推定。引入边际利润，专利权人只需要证明侵权人收入减去成本的数额推定为侵害者利得，也就是所说的毛利润，需要净利润扣除固定费，管理费，并由侵权人负有举证责任。通过贡献率的调整实现实体与程序准确衡量侵害者利得数额，贡献率成为侵权人承担举证责任的工具。

第三，适当实施许可费的计算。对于事前取得的实施许可合同按照最低保证费率支付许可费，除了特定情况，都要履行支付义务，对于已经履行完毕的许可费，即使存在事后被宣告无效，也不能要求返还。但同时也会考虑到行业内通常使用的许可费率，不过会在此基础上增加 1.5 ~2 倍，并结合具体技术方案的特点与市场需求状况进行衡量。此外对适当实施许可费，重点考量技术方案本身的创新因素，包括技术方案的研究费用和机会费用。一个可衡量的实施许可费为：

实施许可费 = 研究开发费用 ÷ 技术方案在市场上发挥价值的期间 × 侵权期间。

第四，轻过失下的减额计算。被控侵权者在轻过失下减少损害赔偿数额，且赔偿数额不可低于适当实施许可费的数额。

第五，程序法上的制度保障。在证明侵权事实出现举证困难时，法院可以使用适当损害额进行认定和要求双方当事人提供用于计算赔偿金的相关信息。

5.3 核心专利司法保护实证研究

本书从 Darts - IP 数据库中选取了福建省 2008—2017 年法院司法文书

作为研究数据，通过检索得到 1054 件一审司法文书。其中，311 件为专利侵权诉讼，14 件为权属纠纷、许可合同纠纷和行政纠纷，诉讼以后裁定准许撤诉的有 718 件（其中 4 件为权属纠纷、许可合同纠纷和行政纠纷），裁定驳回起诉的有 11 件。对于不服一审判决提出二审诉讼的有 149 件，其中还有 2 件提出了再审的申请❶。

5.3.1　诉讼类型

专利划分为发明、实用新型和外观设计三种类型，此三种类型一审情况如表 5.1 所示。其中，外观设计有 601 件，占 57.02%；实用新型有 313 件，占 29.70%；发明为 105 件，占 9.96%。外观设计专利类型还是占绝大多数，而创造性程度更高的发明所占比例最小。2008—2013 年受理案件数量差不多，2014 年数据激增，达到 276 件，后期都维持在 100 多件，这与早期法院公开判决文书力度不大有关系，虽然法律要求判决文书进行公开，但是各地法院公开的判决书还只是占一小部分。

表 5.1　专利类型情况

年份	专利类型				总计
	发明	实用新型	外观设计	无法明确❷	
2008	1	3	1	8	13
2009	4	11	8	15	38
2010	10	8	25	3	45❸
2011	2	5	15	0	22
2012	5	9	9	0	23
2013	10	10	23	0	43
2014	20	54	199	3	276
2015	11	64	119	4	198
2016	35	55	138	1	229

❶ 再审案号为（2015）闽民申字第 2714 号，（2015）闽民申字第 2715 号；一审案号为（2014）榕民初字第 1539 号和（2014）榕民初字第 1540 号。

❷ 无法明确专利类型数量包括裁判文书中未提及专利种类等情形。

❸ （2010）泉民初字第 556 号涉及发明和外观设计两个专利诉讼。

续表

年份	专利类型				总计
	发明	实用新型	外观设计	无法明确	
2017	7	94	64	2	167
总计	105	313	601	36	1054

5.3.2 诉讼地区情况

福州市管辖福州市、宁德市、南平市等地的专利诉讼案件，厦门市管辖厦门市、龙岩市、漳州市等地的专利诉讼案件，泉州市管辖泉州市、三明市、莆田市等地的专利诉讼案件，在2008—2017年，各地区受理一审诉讼情况如表5.2所示，泉州受理案件最多，其次是福州，厦门只有161件，远远落后于另外两个地区。其中2014年受理案件量最多。

表5.2　2008—2017年各地区受理情况　（单位：件）

地区	2008年	2009年	2010年	2011年	2012年	2013年	2014年	2015年	2016年	2017年	总计
福州	7	29	19	3	4	13	97	69	103	56	400
厦门	6	2	11	7	5	5	32	44	27	22	161
泉州	0	7	15	12	14	25	147	85	99	89	493
总计	13	38	45	22	23	43	276	198	229	167	1054

另外对原告所在地域进行统计分析，福建省内占绝大多数，泉州市最多，为71件，厦门市30件，莆田市29件，而外省中广东省最多，为38件，重庆市38件，江西省11件，浙江省10件，还有台湾地区3件，而属于外国的当事人的，日本4件，德国3件，意大利1件。

这些专利纠纷中广东省占最多数，包括肇庆市、深圳市、汕头市、广州市、佛山市和潮州市，体现了广东省的经济地位，也和与福建省相邻有关，在福建省提起的诉讼比较多。重庆市的38件中有37件都是专利权人杨某某提出的专利诉讼，其中，专利申请号为CN200530120150.8的专利提起19件诉讼，专利申请号为CN200520113968.1的专利提起18件诉讼。

5.3.3　诉讼聘请律师情况

诉讼以后裁定准许撤诉的有 718 件，311 件为专利侵权诉讼，不服一审判决提出二审诉讼的有 149 件。撤诉的 718 件中，原告没有聘请律师的有 53 件，聘请律师的 665 件，被告没有聘请律师的有 447 件，占 62.26%。311 件侵权诉讼中，原告聘请律师的有 176 件，被告聘请律师的有 106 件。不服一审判决提出二审诉讼的有 149 件，其中有 133 件上诉人聘请了律师，有 126 件被上诉人聘请了律师。

5.3.4　人民陪审员情况

人民法院审判第一审案件可以由审判员组成合议庭或者由审判员和人民陪审员组成合议庭进行，一审案件一般都在基层法院进行，专利案件则是审级指定在三个中级人民法院。因此，人民陪审员由中级人民法院选聘，人民陪审员情况如表 5.3 所示，参与的比例还是非常低的，这些案件中 85.23% 原告胜诉，只有 13 个案件被告胜诉。其中，人民陪审员都是专业人士，对知识产权专利性更强的案件会起到帮助作用。

表 5.3　2008—2017 年人民陪审员情况　　（单位：件）

地区	2008 年	2009 年	2010 年	2011 年	2012 年	2013 年	2014 年	2015 年	2016 年	2017 年	总数
福州市	0	1	0	0	0	2	21	12	1	6	43
泉州市	0	0	0	0	0	2	21	7	0	2	32
厦门市	0	0	0	0	2	2	1	5	2	1	13
合计	0	1	0	0	2	6	43	24	3	9	88

5.3.5　诉讼请求支持情况

一审判决的案件中原告胜诉率为 85.58%，诉讼请求判赔比平均数为

34.98%，其中，［案号为（2014）榕民初字第1194号］江西珍视明药业诉朱某某和［案号为（2014）榕民初字第1195号］江西珍视明诉董某某（专利号ZL201030049429.3）都要求赔偿损失5万元，法院判决赔偿3000元，数额最低。［案号为（2016）闽05民初725号］华为终端有限公司诉福建省泉州市华远电讯、三星（中国）有限公司的诉求金额为8050万，得到了法院的全额支持，为历年判赔金额之最。

另外，还有判决原告胜诉，但是不支持其赔偿请求的。［案号为（2013）厦民初字第1212号］大伟玩具诉多美滋婴幼儿食品、润瑞商业实用新型专利纠纷和［案号为（2013）厦民初字第1213号］大伟玩具诉多美滋婴幼儿食品、润瑞商业外观设计专利纠纷，法院判决被告立即停止销售侵犯原告ZL201120238614.5号实用新型权产品的行为，并立即销毁所有库存涉案侵权产品；被告立即停止销售侵犯原告ZL201120238614.5号外观设计权产品的行为，并立即销毁所有库存涉案侵权产品；但是，认为原告在其他诉讼中已经获得了相关的赔偿，因此，其诉讼请求赔偿以及合理费用不予支持。

5.3.6 二审的情况分析

不服一审判决提出二审诉讼的有149件，其中，有109件维持原判决，5件撤回上诉，2件由于专利被宣告无效被驳回起诉[1]，19件撤销原判决，剩下的14件改判，主要是围绕着赔偿金额的数量进行调整。

149件二审案件中，133件上诉人聘请了律师，126件被上诉人聘请了律师，但这些二审案件中一审原告只有28件聘请了律师，被告20件聘请了律师，说明二审案件聘请律师的比例非常高。无论一审胜负如何，当事人更换律师或律所的意愿并不怎么强烈。只有（2015）闽民申字第2714号和（2015）闽民申字第2715号的原审原告更换了律师，（2016）闽民终1532号原审被告更换了律师，（2015）闽民终字第971号原审被告更换了

[1] （2011）闽民终字第764号和（2011）闽民终字第333号。

原聘请律师事务所的其他律师。

5.3.7　判赔比

司法保护是与经济发展紧密联系的，判赔比是个很重要的指标。以下将分析福建省 2008—2017 年法院司法文书中的 311 件专利侵权诉讼，其中有支持原告的诉讼请求的判赔比如图 5.1 所示。

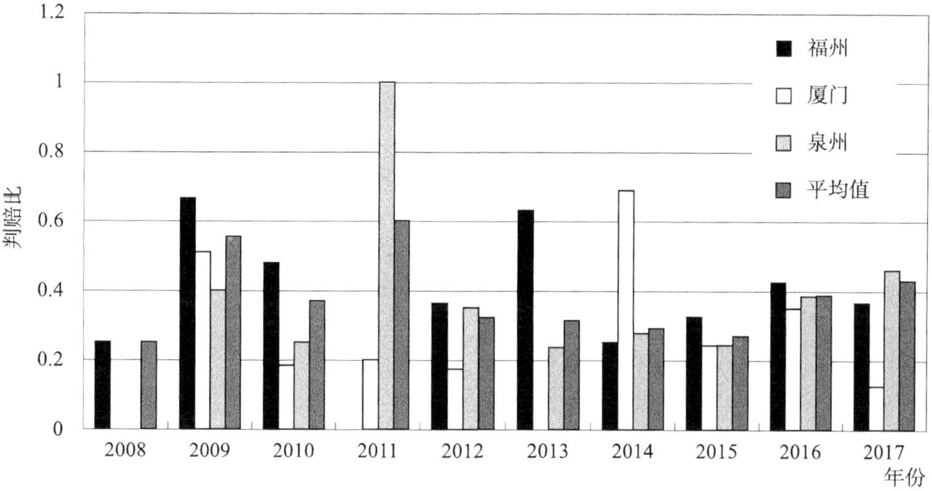

图 5.1　2008—2017 年度法院判赔比

福建省法院 2008—2017 年平均判赔比为 37.88%，2009 年和 2011 年都超过了 50%，2012 年以后相对比较平稳，2015—2017 年有所上升，体现了近些年福建省司法系统对专利的保护力度有所增强。从地域来看，三地的法院各年度分布不均匀，差异较大，如福州市 2009 年和 2013 年超过了 50%，平均值为 41.72%，超过厦门市的平均值（30.90%）和泉州市的 40%。泉州市 2011 年还达到了 100%。整体而言，厦门市的判赔比在这三个地域中最低，福州市最高。

5.4 本章小结

本章考察了专利侵权认定标准和赔偿数额计算方式，并就美国、德国和日本的专利司法保护制度作了简要的介绍，发现各国在专利侵权认定标准上几乎都采用全面覆盖原则和等同原则，只是在赔偿数额的计算方式上略有不同，主要的计算方式还是围绕着权利人损失、侵权获利、许可费用等方式进行计算，美国对于恣意侵权和故意侵权采用三倍赔偿金的方式制裁侵权行为，我国专利制度也在积极引入惩罚性赔偿制度。

从 Darts - IP 数据库中选取了福建省 2008—2017 年法院司法文书作为研究数据，通过检索得到 1054 件一审司法文书。对这些专利数据进行分析，发现外观设计专利类型被提起诉讼比例最高；泉州市受理案件最多，福州市次之，厦门市远少于上述两地；原告聘请律师的比例明显高于被告聘请律师的比例，二审聘请律师的比例明显高于一审聘请律师的比例；人民陪审员参与案件的审理比例非常低；一审判决的案件中原告胜诉率为 85.58%，诉讼请求判赔比平均数为 34.98%；二审维持一审判决占了绝大部分，无论一审胜负如何，当事人更换律师或律所的意愿并不怎么强烈；2008—2017 年，平均判赔比为 37.88%，福州市、厦门市和泉州市三地的法院各年度判赔比分布不均匀，差异较大。

第6章　基于诉讼的核心专利价值研究

专利诉讼可以作为核心专利的识别指标，还可以从判决的金额这个角度来考察是否属于核心专利。在专利诉讼中，可以获得高赔偿额的专利肯定属于核心专利范畴，获得赔偿的专利代表着一定的高价值性。因此，专利诉讼对于判断是否属于核心专利，以及确定核心专利的价值有着重要的影响。本章将考察基于诉讼的核心专利价值。

6.1　文献探讨与研究假设

瑞兹格（2003）研究认为专利价值的影响因素包括专利生命周期、新颖性和创造性、专利宽度、发明的难易程度、披露程度、在专利组合中的位置、专利的适用性和功能性、排他权利和讨价还价的技巧等。❶ 托曼（Thoma，2014）认为，专利价值构成包括多个不同的指标，包括专利宽度和技术潜力、现有技术和发明背景、专利申请程序等。❷ 对于如何评估专利价值，研究集中在知识产权价值评估模型和知识产权价值评估指标方法。知识产权价值评估模型包括以贴现法为代表的传统估值方法，包括成本法、市场价值法和收益法，还有以期权模型为代表的新兴评估方法。如

---

❶ Reitzig M. What determines patent value? insights from the semiconductor industry [J]. Research policy, 2003, 32 (1): 13 - 26.

❷ Thoma G. Composite value index of patent indicator: factor analysis combining bibliographic and survey database [J]. World patent information, 2014, 38 (9): 19 - 26.

迈尔斯（Myers，1977）❶，埃德拉多（Edurado，2003）❷，沙申克（Shashank，2012）❸等，刘小青和陈向东（2009）的研究表明，期权模型可以更加准确地对专利的价值进行评价。❹上述研究都是从经济学角度对专利价值进行研究，还有众多学者从管理学的角度对专利价值的影响因素进行研究，提出各种评估方法。万小丽和朱雪忠（2008）提出模糊综合评价的方法评估专利价值❺，杨冠灿等（2013）提出运用引用网络的方法❻，李睿（2014）提出用专利被引频次和施引频次评估的方法❼，伊惠芳等（2019）提出基于时域—领域的专利价值评估方法❽。

众多学者从定性的角度研究表明，专利诉讼的赔偿额能很好地体现专利的价值。丁维建（Dinwiddie，1995）和竹中平藏（Takenaka，2000）却认为需要提高法院的判赔额，来吸引过往的投资，达到促进技术创新，体现专利的价值。❾❿兰珠和佘京曼（2001）从实证角度检验了专利诉讼的

❶ Myers S. C. Determinants of Corporate Borrowing [J]. Journal of Financial Economics，1977（5）：147－176.

❷ Edurado S.，Schwartz. Patent and R&D as real options [N]. National Bureau of Economic Research，Working Paper，No. 10114，vol. 11，2003.

❸ Shashank Pushkar，Prity Kumari，Akhileshwar Mishra. IT project selection using Fuzzy Real Option Optimization Model [J]. International Journal of E－Entrepreneurship and Innovation，2012（3）：37－49.

❹ 刘小青，陈向东. 基于复合期权模型的外国在华专利价值研究 [J]. 科学学与科学技术管理，2009，30（11）：57－62.

❺ 万小丽，朱雪忠. 专利价值的评估指标体系及模糊综合评价 [J]. 科研管理，2008（2）：185－191.

❻ 杨冠灿，刘彤，李纲，等. 基于综合引用网络的专利价值评价研究 [J]. 情报学报，2013，32（12）：1265－1277.

❼ 李睿. 专利被引频次和施引频次与专利价值的相关性解析——以在美注册的中国专利为样本 [J]. 情报学报，2014，33（4）：396－404.

❽ 伊惠芳，吴红，马永新，等. 改进的柔性专利价值评价方法——基于时域—领域双重视角 [J]. 情报杂志，2019，38（3）：53－60.

❾ Dinwiddie S. K. A shifting barrier? Difficulties of obtaining patent infringement damages in Japan [J]. Wash. L. Review，1995：833.

❿ Takenaka T. Patent infringement damages in Japan and the United States：Will increased patent infringement damage awards revive the Japanese economy? [J]. Re－Engineering Patent Law，2000（2）：309－370.

决定因素，认为侵权诉讼判赔额能很好地体现专利价值。❶ 王（Wang，2007）提出专利价值可以用法院判决、权利要求、专利族、专利组合、专利引证等指标来衡量。❷ 贝森和穆勒（Bessen & Meurer，2008）对在美国化工、医药等领域的专利诉讼案件的实证研究表明，通过专利蟑螂（Patent Troll）从创新者处获得高昂的赔偿金严重影响了创新者的积极性。❸ 张克群等（2015）将专利诉讼作为专利价值的代理变量，探讨专利价值的影响因素。❹ 刘华俊（2017）认为专利的侵权判决额就是专利的价值。❺

专利诉讼的起点在于专利的有效性，《专利法》设置无效程序对授权的专利提起无效审查。周璐和朱雪忠（2015）认为，专利无效宣告制度作为专利质量的事后控制措施，其控制的效果主要取决于双方在专利侵权诉讼与专利无效宣告中的博弈结果。❻ 被诉侵权人往往会提起无效宣告程序来对抗专利诉讼，如果对被诉专利提起的无效次数越多，说明此专利越重要，经过无效宣告被维持的专利的权利稳定性越高。提出以下假设：

假设 H_1：专利权利越稳定，获得赔偿的金额越高。

泽布罗克（Zeebroeck，2011）通过研究提出，通常具备经济效益和潜在利用价值的专利往往更有可能涉及诉讼和纠纷。❼ 专利技术的创新程度越高往往更能获得高额赔偿，提出以下假设：

假设 H_2：专利的技术创新程度越高，获得赔偿的金额越高。

邱洪华和陆潘冰（2016）从专利价值度、专利家族、专利引用次数、

---

❶ Lanjouw JO.，Schankerman M. Characteristics of patent litigation：a window on competition [J]. The rand journal of economics，2001，32（1）：129 - 151.

❷ Wang S J. Factors to evaluate a patent in addition to citations [J]. Scientometrics，2007，71（3）：509 - 522.

❸ Bessen J.，Meurer M. J. Patent failure：How judges，bureaucrats，and lawyer put innovation at risk [M]. Princeton：Princeton University Press，2008：96 - 146.

❹ 张克群，夏伟伟，郝娟，等. 专利价值的影响因素分析——专利布局战略观点 [J]. 情报杂志，2015，34（1）：72 - 76.

❺ 刘华俊. 知识产权价值评估研究——基于司法判决赔偿额的确定 [M]. 北京：法律出版社，2017.

❻ 周璐，朱雪忠. 基于专利质量控制的审查与无效制度协同机制研究 [J]. 科学学与科学技术管理，2015，36（4）：115 - 123.

❼ Van Zeebroeck N. The puzzle of patent value indicators [J]. Economics of Innovation and New Technology，2011，20（1）：33 - 62.

权利要求数、专利申请时长和专利年龄等因素来考察专利价值。[1] Baron (2012) 基于专利同族数、专利寿命、专利权人等指标构建了专利价值评价的因子模型，并利用模型计算出各专利价值[2]，提出以下假设：

假设 H_3：专利维持时间越长，获得赔偿的金额越高。

按照我国《专利法》规定，赔偿数额应该按照“专利权人所受损失、侵权人所获利润、合理专利许可费用的倍数”计算，在前三种计算方式不采用时可以由法院进行酌情适用法定赔偿。因此，专利权人证据举证不足时会导致不能突破法定赔偿的数额进行主张赔偿额。王凤（2008）通过中国专利侵权案件进行统计分析说明，专利权人举证不力时提起的请求赔偿额偏低，实际赔偿额与请求赔偿额的相关系数可以反映专利权人举证的充分性及合理性[3]，提出以下假设：

假设 H_4：专利权人请求的赔偿数额与法院判决的赔偿金额的相关系数不高。

6.2 研究数据与模型

6.2.1 样本选取

本节从 Darts - IP 数据库中选取了福建省 2009—2017 年法院司法文书作为研究数据，通过检索得到 1054 件一审司法文书。其中，311 件为专利侵权诉讼判决书，259 件为原告胜诉的判决书，14 件为权属纠纷、许可合同纠纷和行政纠纷。诉讼以后裁定准许撤诉的有 718 件（其中 4 件为权属纠纷、许可合同纠纷和行政纠纷），裁定驳回起诉的有 11 件。对于不服一

[1] 邱洪华，陆潘冰．基于专利价值影响因素评价的企业专利技术管理策略研究［J］．图书情报工作，2016，60（6）：77 - 83.

[2] Baron J.，Delcamp H. The private and social value of patents in discrete and cumulative innovation［M］. Springer - Verlag New York，Inc. 2012.

[3] 王凤．我国专利侵权损害赔偿相关问题研究［D］．兰州：兰州大学，2008.

审判决提出二审诉讼的有 149 件，其中还有 2 件提出了再审的申请❶。

本书选取了 259 件一审人民法院的判决结果，所有数据均为手工收集整理，数据的统计和处理采用 SPSS18.0 来完成。

6.2.2　模型与变量的解释

参考马泽奥等（2011）的研究❷，采用多元线性回归模型分析影响专利价值的因素，调查专利侵权损害赔偿制度对专利保护的有效性，模型的设定如下：

$$ACT = \beta_1 + \beta_2 SEN + \beta_3 INNO + \beta_4 TIME + \beta_5 RE + \varepsilon \qquad (6-1)$$

模型（6－1）中 ACT 表示实际赔偿数额，SEN 表示权利稳定性，根据专利是否被提起无效宣告请求，无效宣告请求的次数以及最终的无效结果赋值为 1～9；INNO 表示专利创新程度，根据专利类型和权利要求的数量赋值为 1～9；TIME 表示专利维持时间，根据专利诉讼时专利的维持时间计算；RE 表示请求赔偿数额；ε 是干扰项。

6.3　实证结果与分析

6.3.1　样本的描述性分析

样本的描述性统计如表 6.1 所示，判决最高的是 8050 万元，为（2016）闽 05 民初 725 号华为诉三星的案件。如果把此案件去除后的均值为 71769.03 元，权利稳定性的均值为 5.27，说明这些专利稳定性比较高。

❶ 再审案号为（2015）闽民申字第 2714 号，（2015）闽民申字第 2715 号；一审案号为（2014）榕民初字第 1539 号和（2014）榕民初字第 1540 号。

❷ Mazzeo M. J, Hillel J., Zyontz S. Excessive or unpredictable? An empirical analysis of patent Infringement awards [EB/OL]. [2011－02－22]. http://ssrn.com/abstract=1765891.

在提出无效宣告请求的专利中，被判无效的只有16件。提起无效宣告程序的有88件，其中外观设计无效宣告的3件，占比2%，发明和实用新型被提起无效宣告占比75.90%，说明无效宣告程序在发明和实用新型专利诉讼中适用性非常高。专利创新程度均值只有3.21，说明提起诉讼的外观设计专利所占比例比较大，专利维持时间均值为5.49，说明专利技术已经投入市场使用一段时间以后才发起专利侵权诉讼。

表6.1　变量的描述统计

变量	*N*	极小值	极大值	均值	标准差	方差
SEN	259	1	9	5.27	1.457	2.122
INNO	259	2	9	3.21	1.776	3.152
TIME	259	1	17	5.49	3.024	9.142
RE	259	15000	80500000	534674.26	4996632.993	2.497E13
ACT	259	3000	80500000	382302.74	4999068.732	2.499E13
有效的 *N*（列表状态）	259					

为了消除变量间的量纲对回归模型的影响，在回归前，对各变量做以10为底的自然对数处理，从而得到标准化的变量数据，在此基础上，再进行模型处理。为避免回归模型存在多种共线性问题，在回归分析前对各影响因素进行相关性分析，相关系数 p 的范围为 $-1\sim1$，相关系数的范围为 $0.3\sim0.5$，是低度相关；$0.5\sim0.8$，是显著相关；0.8以上则是高度相关，从表6.2可以看出，被解释变量与各解释变量之间都存在相关性，相关程度都比较低，在一定程度上说明回归模型不存在严重的多重共线性问题，可以为本书的实证研究提供可行性。

表6.2　变量间相关系数

变量	SEN	INNO	TIME	RE	ACT
SEN	1	0.276**	0.127*	-0.212**	-0.155*
INNO	0.276**	1	-0.054	0.158*	0.216**
TIME	0.127*	-0.054	1	-0.017	0.049
RE	-0.212**	0.158*	-0.017	1	0.740**
ACT	-0.155*	0.216**	0.049	0.740**	1

**：在0.01水平（双侧）上显著相关。

*：在0.05水平（双侧）上显著相关。

6.3.2　回归结果与讨论

使用 OLS 回归，由于（2016）闽 05 民初 725 号判决金额远远超过其他案件，在此，把此案件剔除后再次进行回归（模型 2），得到的结果如表 6.3 所示。

表 6.3　模型回归结果

模型 1	标准系数	t	Sig.	模型 2	标准系数	t	Sig.
（常量）		1.518	0.130	（常量）		2.754	0.006
SEN	-0.047	-1.030	0.304	SEN	-0.072	-1.496	0.136
INNO	0.121	2.717	0.007	INNO	0.156	3.274	0.001
TIME	0.073	1.749	0.082	TIME	0.078	1.754	0.081
RE	0.713	16.367	0.000	RE	0.657	14.069	0.000

模型 1：R^2：0.565，调整 R^2：0.558，F：66.999。

模型 2：R^2：0.514，调整 R^2：0.507，F：82.400。

5% 的显著水平。

（1）回归方程模型的拟合优度检验。

从表 6.3 可以看出，方程整体的 R^2 达到了 56.5%，模型 2 也达到 51.4%，表示这 4 个自变量可以解释专利价值高于 50% 的变化量，虽然不是很高，但对解释变量专利价值的影响具有一定的作用。

（2）回归方程模型的 F 检验。

在给定显著性水平 $\alpha=0.05$，根据分离自由度 =4，分母自由度 $=n-k-1=259-4-1=254$，查 F 分布表，得到$F_{\alpha=0.05}$（4254）=2.42，$F_{\alpha=0.05}$（4253）=2.42，模型 1 的 $F=66.999>2.42$，模型 2 的 $F=82.400>2.42$，因此，在（$1-\alpha$）=0.05 水平下拒绝原假设 H_0 即模型的线性关系显著成立，模型通过方程显著性检验。

（3）回归方程系数的 t 检验。

根据表 6.3 得知，模型 1 的 $t_1=-1.030$，$t_2=2.717$，$t_3=1.749$，$t_4=16.367$，在给定显著性水平 $\alpha=0.05$，根据自由度 254 查 t 分布表，得到

$t_{\alpha/2} = t_{0.025} = 1.96$。因此，除了权利稳定性（SEN）和专利维持时间（TIME）之外，另外的专利创新程度（INNO）和请求赔偿数额（RE）2个变量都通过了检验，模型2也是一样的。

6.4 研究结果与讨论

6.4.1 权利稳定性与无效宣告程序

权利稳定性与实际判决金额在模型1中正相关，但在模型2中不相关，模型1中的影响系数仅为0.011，表明权利稳定性对实际判决金额的结果影响有限。所以，假设 H_1 不成立，权利的稳定性只是专利诉讼的充分条件。并且，根据《专利法》的规定，实用新型和外观设计专利在提起专利诉讼时需要提交专利权利评价报告，专利权人在提起专利诉讼时都已经对专利权利进行了评估，在专利诉讼过程中，由于审限以及案件积压的情况，人民法院对即使对涉案专利提起无效宣告的案件不进行中止审理，而是直接根据权利要求书的范围来确定专利的保护范围。如果被诉侵权产品落入其保护范围则判定侵权成立，再进行赔偿金额的计算，因此，法院不会等待无效宣告的结果再进行侵权判定。如果被告对涉案专利的无效宣告成功，案件还处于二审阶段则直接驳回原告的诉讼请求；如果已经执行完毕，则可以申请执行回转。

无效宣告程序应该是被诉侵权人在专利诉讼中的有利措施，上述实证数据表明被诉侵权人对发明和实用新型提起无效宣告的意愿强烈，但是对外观设计几乎不提起无效宣告程序，以下两个原因可以部分解释上述问题：(1) 外观设计的实际判决金额均值为4.3万元，而无效宣告程序的律师费用一般为2万~5万元，从经济角度而言，被诉侵权人如果提起无效宣告程序不成功的话，还要再付一笔费用。(2) 在诉讼的外观设计专利权前期都在国家知识产权局作了专利权利评价报告，专利权利相对稳定，因此，被诉侵权人不愿意再花费时间精力去对权利稳定性进行争辩。

6.4.2　专利技术创新程度

专利技术创新程度与实际判决金额在模型 1 和模型 2 中都显著，模型 1 的影响系数为 -0.011，模型 2 的影响系数为 0.163，一个为正相关，一个为负相关，解释程度比较弱，假设 H_2 成立。专利是技术创新的成果，技术创新程度越高越能获得经济赔偿，可以有效地激励市场创新主体从事高新科技的技术研发，提高其技术创新的程度，获得更大的专利价值。

6.4.3　专利维持时间

专利维持时间与实际判决金额都不显著，说明专利维持时间对于专利诉讼的赔偿额之间没有相关性，假设 H_3 不成立。原有的研究都表明专利维持时间是对专利质量一个非常重要的指标。此研究结果显示专利维持时间与专利实际判决金额之间回归不显著，原因在于，专利质量与专利价值之间不是必然统一的，专利质量考察的是专利本身的权利稳定性、技术创新能力和市场经济性；专利价值更多的是从市场角度确定专利的市场价值。案号为（2016）闽 05 民初 725 号专利号为 ZL201010104157.0 的专利，从申请到诉讼的专利维持时间为 6 年，但却获得 8050 万元的赔偿额。另外专利号为 ZL201420522729.0 的一种一体式自拍装置申请提出后的 3 年内陆续发起几十起诉讼，获得了大量的赔偿数额。此专利是自拍杆的重要专利，市场应用前景非常广，每年可获利上亿元，被提起了 28 次无效宣告还被维持其权利。因此，专利维持时间代表的是专利质量，而专利价值与专利维持时间不一定成正比。

6.4.4　请求赔偿数额

专利权人的请求赔偿数额与实际判决金额在模型 1 和模型 2 都正相关，

假设 H_4 不成立，与贺宁馨与袁晓东❶的研究结论专利权人举证不力导致了“法定赔偿”的大规模适用、从而引起了专利权人的请求赔偿额与实际赔偿额的相关系数不高的结论不同，回归结果显示请求赔偿数额与实际判决金额正相关。考察其原因有：虽然适用“法定赔偿”的标准，但是“法定赔偿”的范围是 1 ~ 100 万元，跨度幅度非常大，法官遵循请求的原则，在原告提出的赔偿请求额的范围内进行综合考量确定赔偿额，如果原告只提出 1 万元的赔偿请求额，法官不可能超过其请求额来确定更高的数额。从表 6.1 描述性统计看到请求赔偿数额均值为 53.47 万元，外观设计请求赔偿数额均值为 14.49 万元，发明和实用新型请求赔偿均值为 32.96 万元，如增加案号（2016）闽 05 民初 725 号后均值为 104.54 万元。因此，专利权人的请求赔偿数额在评估专利价值时是有意义的，可以在“法定赔偿”标准的上限提出请求，争取获得更高的判决数额。

6.5 本章小结

通过上述分析，研究表明权利稳定性对实际判决金额的结果影响有限，外观设计的无效宣告程序适用性非常低，对于市场创新主体而言，涉及重大的诉讼时，还是需要积极对涉案专利提起无效宣告，争取把涉案专利权利宣告无效，从根本上解决可能被诉的风险。法院如先作出判决、无效宣告结果不利的话，可以通过多个主体以不同的证据和理由再次对涉案专利提起无效宣告，力争在专利无效宣告程序中令涉案专利宣告无效。被告可以运用现有技术抗辩来积极应诉，但如果涉案产品确实会落入对方的专利保护范围，应积极争取和解。

专利技术创新程度越高，越能获得经济赔偿，市场创新主体可以加大对高新科技的技术研发投入，提高其技术创新的程度，获得更大的专利价值。这也体现了国家对专利的保护越发严格，符合国家的政策方向。

---

❶ 贺宁馨，袁晓东. 我国专利侵权损害赔偿制度有效性的实证研究［J］. 科研管理，2012，33（4）：124－130.

专利维持时间可以在一定程度上代表专利质量，但是维持时间长的专利不一定能获得更大的专利价值，需要市场创新主体对专利价值和专利质量进行区分。当然，如果没有去维持专利的有效性将只能要求被诉侵权方承担专利有效期内的赔偿。对于高质量的专利市场创新主体还是要尽量进行维持，以期可以获得专利赔偿价值。

专利权人的请求赔偿数额与实际判决金额都是正相关，在发生专利诉讼时，专利权人还是应该尽量要求更高的请求赔偿数额，可以给法官在更大范围内去自由裁量，以期获得更多的赔偿数额，也体现了专利的价值。

第7章　核心专利司法保护网络研究

社会网络分析（Social Network Analysis，SNA）可以对实体间的相关关系及其相关属性进行科学的分析。社会网络理论发端于20世纪30年代，成熟于20世纪70年代，是一种新的社会学研究范式。从30年代到60年代，“社会结构”的概念从心理学、社会计量学、社会学、人类学、数学、统计学、概率论等不同的领域中不断深化，形成了一套系统的理论、方法和技术，成为一种重要的社会结构研究范式。本章将采用社会网络分析方法解析核心专利司法保护网络。

7.1　文献探讨

在社会网络分析发展历程中，巴尔内斯（Barnes）率先在一种比较严格的、分析的意义上使用网络观念，对挪威的一个渔村中跨越亲属群体和社会阶级的社会联系作了分析，更精确地描述这个渔村的社会结构；指出社会生活的整体可以被视为一组“由线段串联起来的点”所形成的“整体关系网络”，而人际关系的非正式领域则可被视为这张整体网络中的一个部分，即“局部网络”❶。在此后的发展中，巴尔内斯（1974）还对个体中心网（ego－centric）和社会中心网（socio－centric）进行研究❷，后来弗里曼（Freeman），斯考特（Scott）和沃瑟曼（Wasserman）等丰富了社会网络分析

❶ Barnes，John A. Class and Committees in a Norwegian Island Parish［J］. Human Relations，1954（7）：39－58.

❷ Barnes，J. A. Social Networks［M］. Addison－Wesley Pub. Co，Reading，Mass，1974.

的概念和方法。弗里曼（Freeman，1979）提出，中间度（betweenness）的概念，即测量一个点在多大程度上位于图中其他点“中间”，一个度数相对比较低的点可能起到重要的“中介”作用，因而处于网络的中心；局部中心度（local centrality）的概念，即与某一点直接相连的点数。❶ 斯考特（1988）认为社会网络分析可以用来研究亲属关系结构、社会迁移性、科学引用、团队成员间的联系和合作关系等领域，并指出如果把“中心度”这一术语严格地限制为点的中心度，而“中心势”特指一个作为整体的图的中心度。❷ 沃瑟曼和浮士德（Wasserman & Faust，1994）认为，社会网络分析中通过被定义的单元间的联系来体现这些单元间的交互作用，这种连接也是网络理论的基础组成部分。❸

这些学者使得社会网络分析方法得到广泛的运用，如政治社会领域、组织间关系和工程项目联盟等。这些领域的分析都是基于社会网络分析能处理实体之间的关系这一理论基础，只要寻找到实体以及它们之间的相关关系，就可以构建相关的网络，通过考察其属性及特征来为研究目的服务。还有些学者把社会网络分析方法运用到创新领域，如格耶瓦里和马达范（Gnyawali & Madhavan，2001）认为在网络中，那些拥有更多非重复连接的中心企业比那些非中心企业在获得信息和知识资源更快。❹ 井上等（Inoue，et al.，2007）考察了日本专利数据，研究表明专利网络的度分布服从幂分布，企业可以通过企业间的联系与其他企业相关联。联系间的距离不仅代表企业的区域聚合力，而且地理上花费的时间，在创造关联时扮演着一个重要角色。❺ 欧文－史密斯（Owen－Smith，2004）指出，社会网络在区域创新聚类的发展中扮演着重要的角色（如硅谷、波士顿和圣地亚

---

❶ Freeman，L. C. Centrality in social networks conceptual clarification [J]. Social Networks，1979，1（3）：215－239.

❷ Scott，J. Social network analysis [J]. Sociology，1988，22（1）：109－127.

❸ Wasserman，S. and K. Faust. Social network analysis：Methods and applications [M]. New York：Cambridge University Press. 1994.

❹ Gnyawali，D. R.，Madhavan，R.，Cooperative networks and competitive dynamics：A structural embeddedness perspective [J]. Academy of Management Review，2001（26）：431－445.

❺ Inoue H.，Souma W.，Tamada S.，Spatial characteristics of joint application networks in Japanese patents [J]. Physica，2007（383）：152－157.

哥)，并且被看作公司间知识和创意转移中的关键机制。❶ 洛博和斯特鲁姆斯基（Lobo & Strumsky，2008）运用专利数据来确定独立发明人，指定这些发明人的地理位置，并且采用专利数据作为相关数据（如专利合作申请人)，从而考察创新合作的地理网络，这些绘制好的网络可以用来研究创新产出的作用。❷ 里根斯和梅尔维尔（Reagans & McEvily，2003）指出网络范围可以看作促进知识扩散和技术转移的能力。❸

目前，关于专利诉讼的研究主要集中在以下方面：(1）专利司法保护的制度；(2）针对专利诉讼所包含的法律问题；(3）专利损害赔偿数额的计算。另外有学者对专利司法保护从经济学、管理学的视角开展研究：(1）通过专利诉讼数据特征发现诉讼过程中涉诉专利、涉诉主体、国家保护水平等；(2）利用专利诉讼数据探讨专利诉讼对于企业融资、创新及经营绩效的影响；(3）讨论非专利实施体（Non - Practicing Entities，NPE）的专利诉讼的特征、法律属性及其对涉诉企业经营绩效的影响。现有研究还没有从社会网络分析角度出发研究专利诉讼网络特征，专利诉讼包含了原告、被告、代理律师、法官和法院等信息，对这些信息可以基于社会网络分析方法，寻找到各个变量以及它们之间的相关关系，构建相关的网络，进而考察其属性及特征。

7.2 研究数据与分析

本书从 Darts - IP 数据库中选取了福建省 2008—2017 年法院司法文书作为研究数据，通过检索得到 1054 件一审司法文书。其中，311 件为专利侵权判决，14 件为权属纠纷、许可合同纠纷和行政纠纷，诉讼以后裁定准

❶ Owen - Smith, J., Powell, W, . Knowledge networks as channels and conduits: The effects of spillovers in the Boston biotechnology community [J]. Organization Science, 2004 (15): 5 - 21.

❷ Lobo, J., Strumsky D., Metropolitan patenting, inventor agglomeration and social networks: A tale of two effects [J]. Journal of Urban Economics, 2008 (63): 871 - 884.

❸ Reagans R., McEvily B., Network structure and knowledge transfer: the effect of cohesion and range [J]. Administrative Science Quarterly, 2003 (48): 240 - 267.

许撤诉的有 718 件（其中 4 件为权属纠纷、许可合同纠纷和行政纠纷），裁定驳回起诉的有 11 件。对于不服一审判决提出二审诉讼的有 149 件，其中还有 2 件提出了再审的申请❶。

7.2.1　地区网络分析

各地区受理一审诉讼的情况如表 7.1 所示，泉州受理案件最多，次之是福州，厦门只有 161 件，远远落后于另外两个地区。2008—2013 年受理的案件量差不多，2014 年受理案件量激增，而后保持在 100 件以上。

表 7.1　2008—2017 年各地区受理情况　（单位：件）

地区	2008 年	2009 年	2010 年	2011 年	2012 年	2013 年	2014 年	2015 年	2016 年	2017 年	总计
福州	7	29	19	3	4	13	97	69	103	56	400
厦门	6	2	11	7	5	5	32	44	27	22	161
泉州		7	15	12	14	25	147	85	99	89	493
总计	13	38	45	22	23	43	276	198	229	167	1054

表 7.1 是整体案件的受理情况，其中，福州管辖福州市、宁德市、南平市等地的专利诉讼案件，厦门管辖厦门市、龙岩市、漳州市等地的专利诉讼案件，泉州管辖泉州市、三明市、莆田市等地的专利诉讼案件，对有判决的诉讼案件的地域网络情况如表 7.2 所示。

表 7.2　地域网络情况

地域	点总数	网络联结次数	平均联结次数
福州	28	77	2.75
泉州	20	187	9.35
厦门	19	47	2.47

从表 7.2 可以看出，点总数表示网络中地域的总数，福州受理案件的原告所在地域最多，泉州次之，厦门最少。网络联结次数表示网络中地域之间专利诉讼的数量，从平均联结次数来看最高的有 9.35，最低的也有

❶ 再审案号为（2015）闽民申字第 2714 号，（2015）闽民申字第 2715 号；一审案号为（2014）榕民初字第 1539 号和（2014）榕民初字第 1540 号。

2.47，表明地域之间的专利诉讼频度还是比较高的，其中，泉州作为被诉地是最多的，发生诉讼非常频繁，其网络情况如图7.1～图7.3所示。

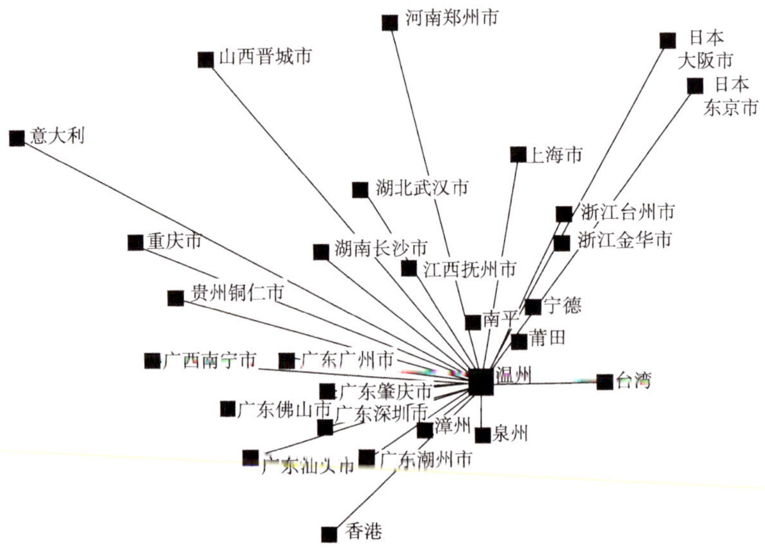

图7.1　福州地域网络

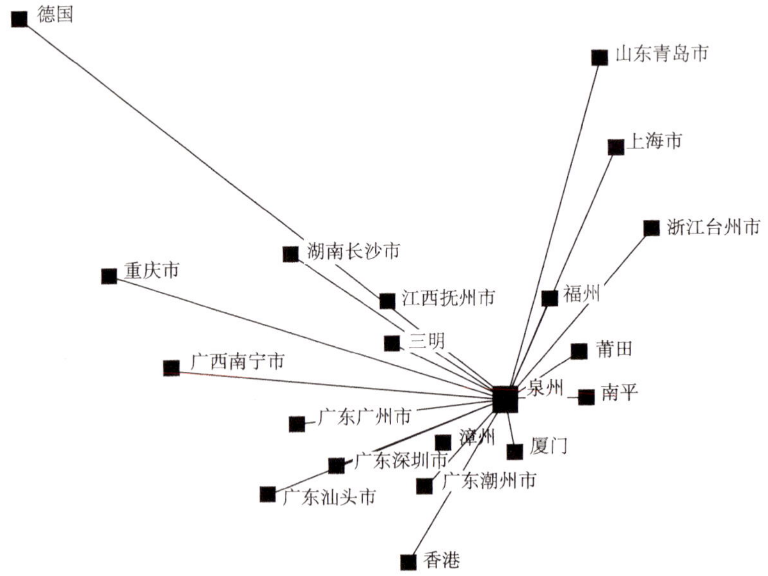

图7.2　泉州地域网络

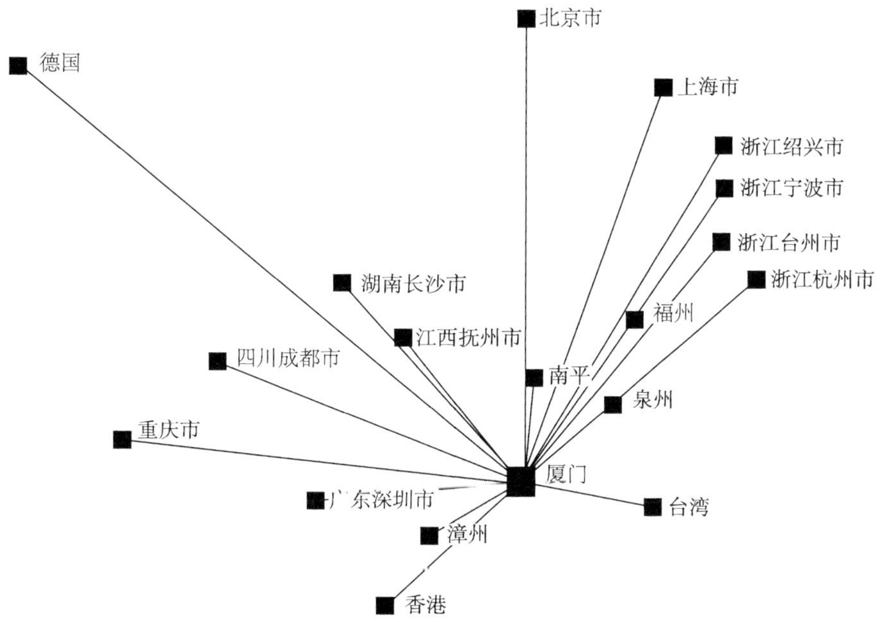

图 7.3　厦门地域网络

从图 7.1～图 7.3 所示，福州受理福州本地的案件 13 件，外地最多的是江西省抚州市和福建省南平市，各 8 件，还有香港和台湾地区的诉讼；泉州受理泉州本地的案件 63 件，外地最多的是重庆市，33 件；厦门受理厦门本地的案件 13 件，外地最多的是泉州市，5 件，还有香港和台湾地区的诉讼。福州还受理意大利、日本大阪市、日本东京市的国外的诉讼；泉州也有受理德国的诉讼；厦门也有受理德国的诉讼，各地受理的原告所在地还是以国内城市为主。福州受理本省案件 32 件，外地 45 件；泉州受理本省案件 118 件，外地 69 件；厦门受理本省案件 25 件，外地 22 件。三地还是以受理本省案件为主，其中，泉州受理本省案件比例最高，达到 63.10%。

7.2.2　律师网络分析

在所有案件中，诉讼以后裁定准许撤诉的有 718 件，311 件为专利侵权诉讼，不服一审判决提出二审诉讼的有 149 件。撤诉的 718 件中，原告没有聘请律师的有 53 件，聘请律师的有 665 件；被告没有聘请律师的有 447 件，占 62.34%。311 件侵权诉讼中，原告聘请律师的有 176 件，被告聘请律师的有 106 件。

下面对侵权诉讼中的原告代理律师、被告代理律师、二审上诉人代理律师和被上诉人代理律师进行分析，其网络情况如表 7.3 所示，其中联结次数大于 2 的网络结构如图 7.4 ~ 图 7.7 所示。

从表 7.3 可以看出，孤立点指的是此律师网络中独立的律师数量，点总数表示网络中律师的总数，可以看出大部分律师组成了团队，体现了合作的广泛性；密度指的是这些律师网络凝聚力的总体水平，最高的是原告代理律师；网络联结次数表示网络中律师之间共同代理案件的数量，从平均联结次数来看最高的有 1.97，最低的也有 1.30，表明发明人之间联系的频度还是比较高的；最大子图规模和最小子图分别指的是此律师子网络中最大和最小律师团队规模，从表中可以看出被上诉人代理律师有 5 个最大子图和 1 个最小子图，此案件是（2017）闽民终 501 号，有三个代理律所北京致诺律师事务所、北京市柳沈律师事务所和北京市立方律师事务所。原告代理律师和上诉人代理律师中最大子图是 2，说明只有 2 个代理律师，这些律师又大部分属于同一个律师事务所。

表 7.3 律师网络情况

网络	孤立点	点总数	密度	网络联结次数	平均联结次数	最大子图	最小子图	子网个数
原告代理律师	29	92	2.16	174	1.08	2	1	39
被告代理律师	30	95	1.60	107	1.97	4	1	30
上诉人代理律师	22	92	1.68	134	1.67	2	1	42
被上诉人代理律师	45	126	1.13	129	1.30	5	1	44

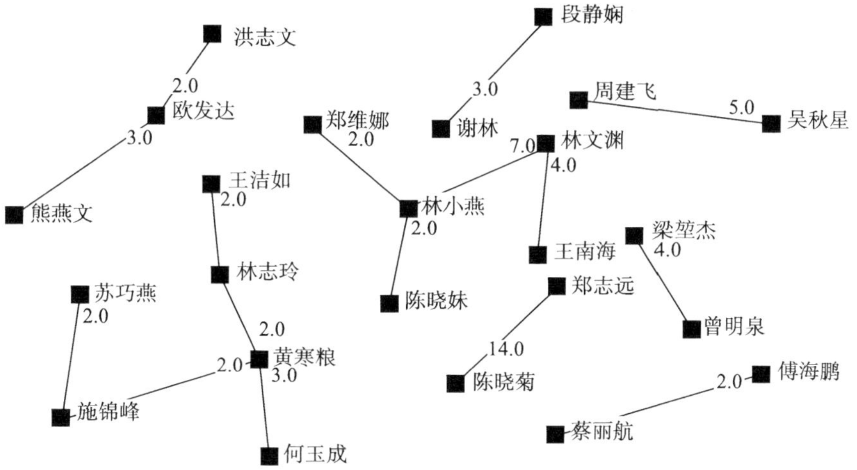

图 7.4 一审原告代理律师网络

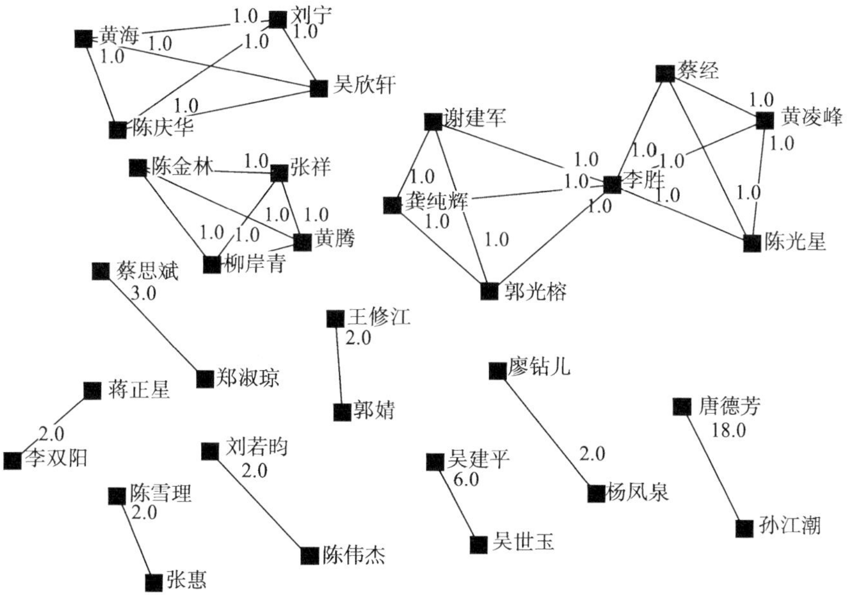

图 7.5 一审被告代理律师网络

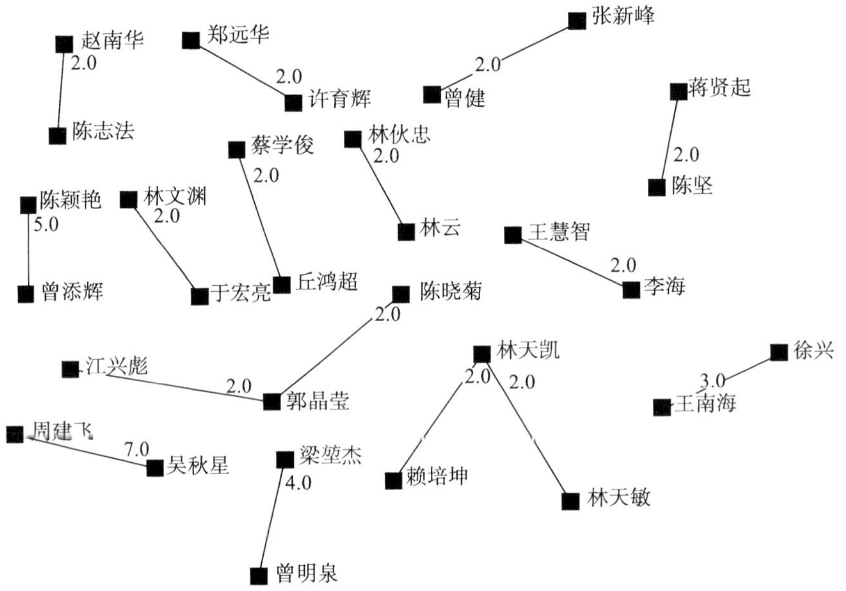

图 7.6 二审上诉人代理律师网络

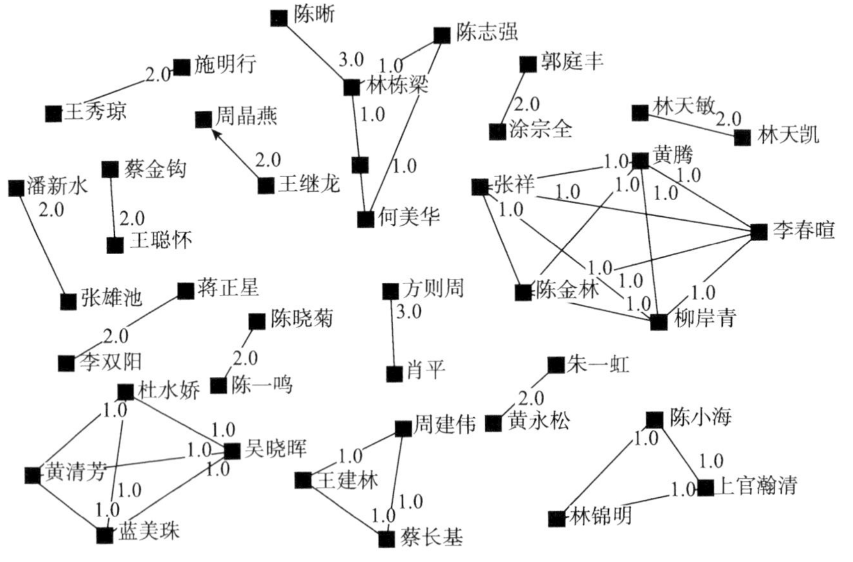

图 7.7 二审被上诉人代理律师网络

从图 7.4 ~ 图 7.7 中可以看出，一审代理律师网络中，欧发达、林小燕和黄寒粮比较特殊，成为其他律师的连接点。欧发达、洪志文和熊燕文都是福建文融律师事务所的律师，林小燕则沟通陈晓妹和林文渊之间的团队，黄寒粮连接起施锦锋和林志玲之间的团队，这两个子网都是福建达业律师事务所的律师，合作最多的是陈晓菊和郑志远，达到 14 次，他们属于福建力华律师事务所。一审被告代理律师网络中，有三个大的子网，其中李胜沟通了两个团队，刘宁、吴欣轩、陈庆华和黄海组成了一个团队，张祥、黄腾、陈金林和柳岸青组成了一个团队，唐德芳和孙江潮之间的合作最多，达到 18 次，他们属于福建诚毅律师事务所，被告律师网络相对比较分散。二审上诉人代理律师网络中，只有郭晶莹和江兴彪、陈晓菊，林天凯和赖培坤、林天敏有合作联系，其他的都是两个律师之间的合作，其中周建飞和吴秋星合作次数最多，达到 7 次，他们属于江苏兴吴律师事务所。二审被上诉人代理律师网络中，张祥、黄腾、李春暄、陈金林和柳岸青组成最大的网络，杜水娇、黄清芳、蓝美珠和吴晓晖，陈晰、林栋梁、何美华和陈志强组成了 4 个人的网络，方则周和肖平以及陈晰和林栋梁之间合作次数最多，达到 3 次，他们分别属于福建信得律师事务所和福建省奥维商标知识产权事务所。比较原告代理律师网络和被告代理律师网络发现，被告的子网图比原告的大得多，这与被告一般都是多个当事人相关，而原告一般都是一个当事人，因此，多个被告会聘请多个律师。

7.2.3　法官网络分析

一审判决中还有人民陪审员，二审判决中都是由法官组成。其中，不服一审判决提出二审诉讼的有 149 件。对合作 2 次以上的审判法官分析其网络得到图 7.8，最大的子网络是陈一龙、陈茂和和蔡伟，审判了 30 个案件，叶毅华、张宏伟和马玉荣排第二，达到 14 件。

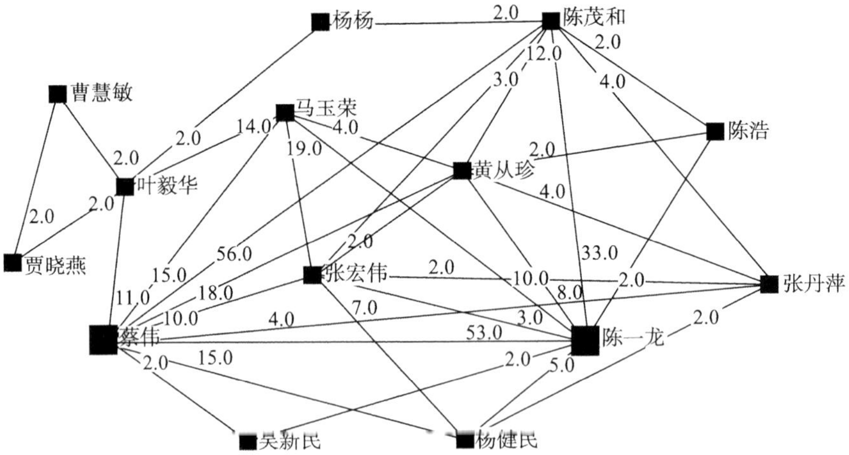

图 7.8　二审法官网络

从图 7.8 可以看出，蔡伟和 9 个法官之间有合作，与陈茂和最多，为 56 次；陈一龙和 8 个法官之间有合作，与蔡伟最多，为 53 次；陈浩、吴新民才 2 次；张宏伟和 7 个法官之间有合作，和马玉荣最多，为 19 次；整体网络中，张宏伟、蔡伟、黄从珍、陈一龙、马玉荣和陈茂和的网络联系比较频繁，杨杨、陈浩和吴新民的网络联系比较弱，法官之间的合作网络差异比较大。

7.3　研究结果与讨论

专利诉讼类型中，被专利权人提起的诉讼对象外观设计专利最多，发明和实用新型专利一般被认为是技术含量更高的技术，但是现实中外观设计专利的维权诉求比另外两种高很多，说明企业选择诉讼的专利并不是根据技术的创新程度来选择诉讼对象的。

专利诉讼地区中，泉州受理的案件最多，福州次之，厦门再次之，这与三地的经济总量是相对应的，只有经济活动更频繁的地区，提起的专利诉讼更多，各地受理的原告所在地还是以本省为主。

专利诉讼代理律师网络中，被告的子网图比原告的大得多，律师之间的合作还是以本所合作为主，除了代表不同的当事人，极少数会和其他律师事务所之间合作。当事人在选择代理人时可以参照上述的排名选择代理案件经验丰富的律师事务所。

7.4　本章小结

本章通过社会网络分析方法对核心专利司法保护网络进行分析，构建了地区网络、律师网络和法官网络，研究表明：(1) 专利诉讼类型中，企业选择诉讼的专利并不是根据技术的创新程度来选择诉讼对象的。(2) 专利诉讼地区中，经济活动更频繁的地区，提起的专利诉讼更多，各地受理的原告所在地还是以本省为主。(3) 专利诉讼代理律师网络中，被告的子网图比原告的大得多，律师之间的合作还是以本所为主，除了代表不同的当事人，极少数会和其他律师事务所之间合作。(4) 专利诉讼法官网络中，张宏伟、蔡伟、黄从珍、陈一龙、马玉荣和陈茂和的网络联系比较频繁，杨杨、陈浩和吴新民在网络联系比较弱。

第 8 章　核心专利司法保护律师作用研究

专利诉讼是一项专业化水平较高的法律事务，专利律师在专利诉讼中的作用就显得比较重要，律师拥有专业的知识可以为原告提高胜诉率和赔偿数额，而被告律师可以寻找相关的证据进行抗辩，减少赔偿数额。本章将探讨核心专利诉讼过程中律师的作用。

8.1　文献探讨与研究模型

朱雪忠（1994）认为随着专利侵权纠纷的日益增多，律师作为被告的代理人参与诉讼的情况将会越来越普遍，可以从专利的有效性、无效宣告、合理使用、不侵犯专利权等角度进行抗辩。[1] 徐棣枫（1999）提出，专利诉讼既涉及极强的专业法律问题，又离不开科学技术知识，具有技术性强、难度大的特点，律师虽有广泛的法律和诉讼经验，但不一定同时又精通技术和专利业务。因而，专利诉讼需要专利代理人和律师紧密结合，积极发展专利律师。[2] 说明专利诉讼中律师的作用明显，提出以下假设：

H_1：有律师的胜诉率更高。

徐棣枫和郄志勇（2014）认为虽然《美国专利法》第 285 条特别规定，专利案件中的败诉方承担胜诉方律师费，但仅适用于“例外情况”。

---

[1] 朱雪忠．谈代理律师在专利侵权诉讼中的抗辩策略［J］．律师世界，1994（4）：8－10.

[2] 徐棣枫．试论专利诉讼法律服务市场的规范——从专利代理人到专利律师［J］．南京大学学报（哲学·人文科学·社会科学版），1999（4）：3－5.

实践中，美国联邦法院对“例外情况”又设定了一定的门槛，导致该条的实际适用非常有限，尝试让轻率发动专利侵权诉讼的原告在败诉时承担胜诉方律师费用，以引导专利权人慎重提起专利侵权诉讼。❶ 赵吉军（2014）从专利诉讼业务、专利无效宣告业务、律师事务所代理专利申请业务几个方面，就律师参与专利法律服务以及律师与专利代理人❷相互之间的互补、竞争、融合的发展问题进行探讨，认为要科学合理地界定专利代理人、具有专利特长的律师在专利法律服务的不同领域中的行业定位❸。律师的专业特长对其服务的对象有着重要的影响，专利代理师的专业业务水平有助于提升专利诉讼的服务水平，我国法院将出庭的代理人划分为律师和公民，专利代理师不能以其名义参与诉讼，参与诉讼的律师专业水平越高其胜诉的可能性就越高，提出以下假设：

H_2：律师的学历越高，胜诉率越高，赔偿金额越多。

H_3：律师的执业时间越长，胜诉率越高，赔偿金额越多。

律师的性别对诉讼活动有着影响，从法律职业的工作过程角度观察，哈恩和克莱顿（Hahn & Clayton，1996）通过庭审模拟实验发现职业性别刻板印象可能对陪审团的判决产生影响❹。戈尔曼（Gorman，2006）依据数据和案例等内容分析法律职业中女性群体的不利处境时，发现了女性的不利处境与人们对于女性的职业性别刻板印象之间存在的关联。❺ 日本和我国台湾地区的文献也显示出了相同的情况。研究者通过比较研究发现，在东亚社会中的女性律师群体面对着与美国同行相同的职业困境，而且研究者将东亚社会中男性主导的职业文化与社会风气确定为诱发职业性别歧

---

❶ 徐棣枫，郄志勇. 美国专利案件中的律师费承担规则及其发展［J］. 知识产权，2014（10）：108－112.

❷ 《专利代理条例》（2018 年修订）把专利代理人修改为专利代理师。

❸ 赵吉军. 律师从事专利法律服务的几个问题——兼对《专利代理条例》修改的几点建议［J］. 中国律师，2014（4）：71－73.

❹ Hahn P W.，Clayton S D. The effects of attorney presentation style，attorney gender，and juror gender on juror decisions［J］. Law & Human Behavior，1996，20（5）：533－554.

❺ Gorman E H. Work Uncertainty and the Promotion of Professional Women：The Case of Law Firm Partnership［J］. Social Forces，2006，85（2）：865－890.

视的一种诱因。[1][2] 王瑞超（2019）考察民国时期上海女律师的执业处境，认为女律师的执业生涯自始至终展现着一种矛盾的心理：一方面恰如上文所述迫于业务的压力，她们利用大众对女性公众人物的兴趣，提升自己的知名度，处处凸显自己的女性特质；另一方面她们身受同业男性的中伤却仍旧心高气傲，但也不得不试着隐藏自己的女性特征，希望让大众相信她们的事业成就依赖的是自己的能力。[3] 梁达然（2019）提出中国的女性律师整体上处在职业性别不平等的困境之中。[4] 现有研究都提出女性律师在执业过程中会遭遇不平等的对待，因此，提出以下假设：

H_4：律师的性别对胜诉率有影响。

参考贺宁馨等[5]和马泽奥等[6]的研究，构建基于胜诉的律师诉讼分析模型，其表达式如下：

$$P_W = \beta_0 + \beta_1 \text{CASE} + \mu \tag{8-1}$$

式（8-1）中：P_W是专利权人的胜诉率，表征专利权人提起专利诉讼时胜败诉的值，CASE 表示诉讼的特征，β_0 是常量，β_1 和 β_2 是回归系数，μ 是随机扰动项。

用多元线性回归模型构建基于专利侵权损害赔偿额的律师诉讼分析模型，模型的设定如下：

$$\ln \text{ACT} = \beta_0 + \beta_1 X + \mu \tag{8-2}$$

式（8-2）中：ACT 表示实际赔偿数额，β_0 是常量，β_1 是回归系数，X 表示赔偿额的影响因素，μ 是随机干扰项。

---

[1] Kyoko Ishida. Why Female Lawyers Get less – Multiple Glass Ceiling for Japanese Female Lawyers [J]. Hastings International and Comparative Law Review, 2016, 39 (2): 434 – 438.

[2] Kuo S C G. Symposium: Rethinking the Masculine Character of the Legal Profession: A Case Stude of Female Legal Professionals and Their Genered Life in Taiwan [J]. Cancer Research, 2005, 63 (5): 994 – 999.

[3] 王瑞超. 当性别成为禁忌——民国时期上海女律师的执业处境 [J]. 苏州大学学报（法学版），2019, 6 (3): 67 – 76.

[4] 梁达然. 律师职业中的社会性别因素 [D]. 杭州：浙江财经大学，2019.

[5] 贺宁馨，许可，董哲林. 专利诉讼的风险分析及其对企业专利战略的影响研究 [J]. 科学学与科学技术管理，2018, 39 (7): 65 – 73.

[6] Mazzeo M. J, Hillel J. , Zyontz S. Excessive or unpredictable? An empirical analysis of patent Infringement awards [EB/OL]. [2011 – 02 – 22]. http: //ssrn. com/abstract = 1765891.

8.2　研究数据与分析

8.2.1　样本选取

从Darts-IP数据库中选取了福建省2009—2017年法院司法文书作为研究数据，通过检索得到1054件一审司法文书，其中，311件为专利侵权诉讼判决书，14件为权属纠纷、许可合同纠纷和行政纠纷，诉讼以后裁定准许撤诉的有718件（其中4件为权属纠纷、许可合同纠纷和行政纠纷）。在此不考虑撤诉的案件，因为有些是达成和解撤诉，有些是原告认为不能胜诉而撤诉，不能确定其真实的原因，裁定驳回起诉的有11件。对于不服一审判决提出二审诉讼的有149件，其中还有2件提出了再审的申请。

选取了304件一审人民法院的判决结果，原告聘请律师的有170件，被告聘请律师的有106件。不服一审判决提出二审诉讼的有149件，其中有133件上诉人聘请了律师，有126件被上诉人聘请了律师。所有数据均为手工收集整理，数据的统计和处理采用SPSS18.0来完成。

8.2.2　变量的选取

式（8-1）各个变量的选取与赋值：因变量 P_W，将专利权人胜诉赋值为1，败诉赋值为0，关于CASE（诉讼的特征量）指标的选择，如表8.1所示。

原告是否聘请律师（LAWYER1）。专利诉讼是专业化程度非常高的诉讼活动，因此，原告聘请律师有利于提高胜诉的可能性。

原告律师性别（LAWYER1SEX）。律师的性别对专利诉讼活动有着影响。

原告律师执业年限（LAWYER1YEAR）。律师的执业年限越高，专业能力越强，有利于提高胜诉的可能性。

原告律师学历（LAWYER1ED）。律师的学历越高，有利于提高胜诉的可能性。

被告是否聘请律师（LAWYER2）。被告聘请律师有利于提高胜诉的可能性。

被告律师性别（LAWYER2SEX）。律师的性别对专利诉讼活动有着影响。

被告律师执业年限（LAWYER2YEAR）。律师的执业年限越高，专业能力越强，有利于提高胜诉的可能性。

被告律师学历（LAWYER2ED）。律师的学历越高，有利于提高胜诉的可能性。

表 8.1　胜诉影响因素的定义和说明

变量	定义	类型	取值
LAWYER1	原告是否聘请律师	分类变量	根据判决文书获取，是赋值 1，否为 0
LAWYER1SEX	原告律师性别	分类变量	根据司法局公布的律师信息以及律师事务所官方网站检索查询，赋值男性和女性
LAWYER1YEAR	原告律师执业年限	数值变量	根据司法局公布的律师信息以及律师事务所官方网站检索查询，根据案件起诉时间计算执业年限
LAWYER1ED	原告律师受教育程度	分类变量	根据司法局公布的律师信息以及律师事务所官方网站检索查询，赋值本科、硕士、博士
LAWYER2	被告是否聘请律师	分类变量	根据判决文书获取，是赋值 1，否为 0
LAWYER1SEX	被告律师性别	分类变量	根据司法局公布的律师信息以及律师事务所官方网站检索查询，赋值男性和女性
LAWYER1YEAR	被告律师执业年限	数值变量	根据司法局公布的律师信息以及律师事务所官方网站检索查询，根据案件起诉时间计算执业年限
LAWYER1ED	被告律师受教育程度	分类变量	根据司法局公布的律师信息以及律师事务所官方网站检索查询，赋值本科、硕士、博士

式（8－2）各个变量的选取与赋值：ACT 是法院判决的赔偿额。赔偿

额的影响因素变量的定义和说明如表 8.2 所示。

表 8.2　赔偿额影响因素的定义和说明

变量	定义	类型	取值
LAW1	原告是否聘请律师	分类变量	根据判决文书获取，是赋值 1，否为 0
LAW1SEX	原告律师性别	数值变量	根据司法局公布的律师信息以及律师事务所官方网站检索查询，男性赋值 1，女性赋值 0
LAWY1YEAR	原告律师执业年限	数值变量	根据司法局公布的律师信息以及律师事务所官方网站检索查询，根据案件起诉时间计算执业年限
LAWY1ED	原告律师受教育程度	分类变量	根据司法局公布的律师信息以及律师事务所官方网站检索查询，本科赋值 1，硕士赋值 2，博士赋值 3
LAW2	被告是否聘请律师	分类变量	根据判决文书获取，是赋值 1，否为 0
LAW2SEX	被告律师性别	数值变量	根据司法局公布的律师信息以及律师事务所官方网站检索查询，男性赋值 1，女性赋值 0
LAW2YEAR	被告律师执业年限	数值变量	根据司法局公布的律师信息以及律师事务所官方网站检索查询，根据案件起诉时间计算执业年限
LAW2ED	被告律师受教育程度	分类变量	根据司法局公布的律师信息以及律师事务所官方网站检索查询，本科赋值 1，硕士赋值 2，博士赋值 3
AE	请求赔偿数额	数值变量	根据判决文书获取

原告是否聘请律师（LAW1）。专利诉讼是专业化程度非常高的诉讼活动，因此，原告聘请律师有利于提高赔偿金额。

原告律师性别（LAW1SEX）。律师的性别对专利诉讼活动有着影响。

原告律师执业年限（LAW1YEAR）。律师的执业年限越高，专业能力越强，有利于提高赔偿额的可能性。

原告律师学历（LAW1ED）。律师的学历越高，有利于减少赔偿额的可能性。

被告是否聘请律师（LAW2）。被告聘请律师可以为专利诉讼提供专业化的帮助，寻找抗辩的措施，因此，被告聘请律师有利于提高赔偿金额。

被告律师性别（LAW2SEX）。律师的性别对专利诉讼活动有着影响。

被告律师执业年限（LAW2YEAR）。律师的执业年限越高，专业能力越强，有利于减少赔偿额的可能性。

被告律师学历（LAW2ED）。律师的学历越高，有利于减少赔偿额的可能性。

原告请求赔偿数额（AE）。如果专利权人胜诉的话，法官根据原告的诉讼主张来确定判决金额，因此，原告请求赔偿数额越高有可能获得更高的赔偿额。

8.3 研究结果与讨论

304 件专利诉讼中查找到律师相关信息的有 85 件，其中对 304 个数据进行原告是否聘请律师和被告是否聘请律师进行单独回归，结果如表 8.3～表 8.4 所示。

表 8.3 一审式（8－1）回归结果

模型		*B*	S. E,	Wals	*df*	Sig.	Exp（*B*）
步骤 1[a]	原告是否聘请律师	－0.924	0.387	5.697	1	0.017	0.397
	被告是否聘请律师	0.029	0.436	0.004	1	0.947	1.029
	常量	－1.289	0.212	36.990	1	0.000	0.276

a. 在步骤 1 中输入的变量：原告是否聘请律师，被告是否聘请律师。

－2 对数似然值 250.510[b]；Cox & Snell *R* 方：0.026；Nagelkerke *R* 方：0.045。

b. 因为参数估计的更改范围小于 0.001，所以估计在迭代次数 5 处终止。

从表 8.3 可以看出，一审中，原告是否聘请律师回归显著，说明在提起专利诉讼时，原告是否聘请律师对诉讼结果有着直接的影响；而被告是否聘请律师回归不显著，说明在专利诉讼中，被告是否聘请律师对诉讼结果没有直接的影响。

表 8.4　一审式（8－2）回归结果

模型[a]		非标准化系数		标准系数	t	Sig.
		B	标准误差	试用版		
1	（常量）	－178963. 892	23464. 992	—	－7. 627	0. 000
	原告是否聘请律师	102683. 380	34413. 419	0. 010	2. 984	0. 003
	被告是否聘请律师	－101967. 196	35881. 241	－0. 010	－2. 842	0. 005
	原告请求金额	1. 000	0. 003	0. 999	334. 200	0. 000

a. 因变量：法院判决金额。

R 方：0. 998；调整 R 方：0. 998；F：37509. 531。

从表 8. 4 可以看出，一审中，原告是否聘请律师、被告是否聘请律师和原告请求金额在判决金额回归方程中回归显著，说明在提起专利诉讼时，原告是否聘请律师对诉讼判决金额有着正影响，被告是否聘请律师可以减少判决金额，原告的诉讼请求高所获得的判决金额也会更高。

对这些一审案件提起上诉的案件有 145 件，对这 145 个数据进行回归的结果如表 8. 5 所示。

表 8.5　二审式（8－1）回归结果

模型		B	S. E,	Wals	df	Sig.	Exp（B）
步骤 1[a]	上诉人是否聘请律师	0. 064	0. 811	0. 006	1	0. 937	1. 066
	被上诉人是否聘请律师	－0. 004	0. 675	0. 000	1	0. 995	0. 996
	常量	1. 613	0. 992	2. 646	1	0. 104	5. 018

a. 在步骤 1 中输入的变量：上诉人是否聘请律师，被上诉人是否聘请律师。

－2 对数似然值：126. 833[b]；Cox & Snell R 方：0. 000；Nagelkerke R 方：0. 000。

b. 因为参数估计的更改范围小于 0. 001，所以估计在迭代次数 4 处终止。

从表 8. 5 可以看出，二审中，上诉人是否聘请律师和被上诉人是否聘请律师回归都不显著，说明在专利二审诉讼时，上诉人和被上诉人是否聘请律师对诉讼结果没有直接的影响。

对于查找到律师相关信息的 85 件专利诉讼的回归结果如表 8. 6 ~ 表 8. 7 所示。

表 8.6　一审式（8－1）回归结果

模型		B	S. E,	Wals	df	Sig.	Exp（B）
步骤 1[a]	原告律师性别	1.254	1.044	1.443	1	0.230	3.505
	原告律师执业年限	－0.039	0.082	0.232	1	0.630	0.961
	原告律师学历	－19.078	13714.290	0.000	1	0.999	0.000
	被告律师性别	－17.698	19298.434	0.000	1	0.999	0.000
	被告律师执业年限	－0.149	0.061	5.955	1	0.015	0.861
	被告律师学历	－19.776	14755.764	0.000	1	0.999	0.000
	常量	59.021	27897.024	0.000	1	0.998	4.290E25

a. 在步骤 1 中输入的变量：原告律师性别，原告律师执业年限，原告律师学历，被告律师性别，被告律师执业年限，被告律师学历，

－2 对数似然值：39.570[b]；Cox & Snell R 方：0.146；Nagelkerke R 方：0.316。

b. 因为已达到最大迭代次数，所以估计在迭代次数 20 处终止。无法找到最终解。

从表 8.6 可以看出，一审中，只有被告律师执业年限回归显著，说明被告律师执业年限对于被告诉讼是否成功有着直接影响，而原告律师的执业年限对原告是否胜诉没有直接影响。这体现了专利诉讼的专利质量本身比较重要，诉讼的技巧性不一定随从执业年限的增加而增加，只要依据法律的规定做好权利稳定性和侵权范围的比对即可，而其他指标对于是否胜诉没有直接影响。

表 8.7　一审式（8－2）回归结果

模型		非标准化系数		标准系数	t	Sig.
		B	标准误差	试用版		
1	（常量）	－784778.381	230985.839	—	－3.398	0.001
	原告律师性别	173637.912	80971.355	0.004	2.144	0.035
	原告律师执业年限	－10303.716	5009.524	－0.003	－2.057	0.043
	原告律师学历	60417.924	114803.237	0.001	0.526	0.600
	被告律师性别	351500.129	126973.562	0.004	2.768	0.007
	被告律师执业年限	－11961.531	5606.893	－0.004	－2.133	0.036
	被告律师学历	181056.815	116027.338	0.003	1.560	0.123
	原告诉讼金额	1.002	0.002	1.000	630.606	0.000

a. 因变量：法院判决金额。

R 方：1.000；调整 R 方：1.000；F：60818.086。

从表8.7可以看出，一审中原告律师性别和执业年限回归显著，然而原告律师学历回归不显著，说明原告律师的性别和执业年限对于原告获得更多赔偿金额有着正影响；被告律师性别和执业年限同样回归显著，被告律师学历回归不显著，说明被告律师的性别和执业年限对于减少被告的赔偿额有着正影响，而原告的诉讼请求金额越高，法院的判决金额也会越高。

提起上诉的145件案件中查找到律师相关信息的有62件，再针对这些数据进行回归分析，其结果如表8.8所示。

表8.8 二审式（8-1）回归结果

模型		B	S. E,	Wals	df	Sig.	Exp（B）
步骤1[a]	上诉人律师性别	0.107	1.052	0.010	1	0.919	0.898
	上诉人律师执业年限	0.096	0.086	1.240	1	0.266	1.101
	上诉人律师学历	-0.748	1.091	0.470	1	0.493	0.473
	被上诉人律师性别	0.353	1.451	0.059	1	0.808	1.423
	被上诉人律师执业年限	0.049	0.095	0.268	1	0.605	1.050
	被上诉人律师学历	1.125	1.233	0.833	1	0.361	3.080
	常量	0.120	2.101	0.003	1	0.955	1.127

a. 在步骤1中输入的变量：上诉人律师性别，上诉人律师执业年限，上诉人律师学历，被上诉人律师性别，被上诉人律师执业年限，被上诉人律师学历。

-2对数似然值：43.156[b]；Cox & Snell R 方：0.070；Nagelkerke R 方：0.131。

b. 因为参数估计的更改范围小于0.001，所以估计在迭代次数5处终止。

从表8.8可以看出，二审中，上诉人和被上诉人聘请的律师的性别、执业年限和学历回归都不显著，说明上诉人和被上诉人聘请律师对诉讼结果没有直接的影响，这与现实中二审维持原判的比例高有相关性。在二审中，除非有新的证据会进行改判，或者程序错误发回重审以外，二审一般不会去修改一审的判决，因此，二审上诉人和被上诉人聘请的律师可操作的空间有限，不能对二审的结果产生实质的影响。

8.4　本章小结

本章通过构建基于胜诉的律师诉讼分析模型和基于专利侵权损害赔偿额的律师诉讼分析模型。从 Darts - IP 数据库中选取了福建省 2009—2017 年法院司法文书作为研究数据，选取了 304 件一审人民法院的判决结果，原告聘请律师的有 170 件，被告聘请律师的有 106 件。不服一审判决提出二审诉讼的有 149 件，其中有 133 件上诉人聘请了律师，有 126 件被上诉人聘请了律师，进行分析，研究结果显示：

（1）一审中，原告是否聘请律师对诉讼结果有着直接的影响，被告是否聘请律师对诉讼结果没有直接的影响。原告是否聘请律师对诉讼判决金额有着正影响，被告聘请律师可以减少判决金额，原告的诉讼请求高所获得的判决金额也会更高。被告律师执业年限对于被告诉讼是否成功有着直接影响，而原告律师的执业年限对原告是否胜诉没有直接影响。原告律师的性别和执业年限对于原告获得更多赔偿金额有着正影响，被告律师的性别和执业年限对于减少被告的赔偿额有着正影响，而原告的诉讼请求金额越高，法院的判决金额也会越高。

（2）二审中，在专利二审诉讼时，上诉人和被上诉人是否聘请律师对诉讼结果没有直接的影响。聘请的律师的性别、执业年限和学历回归对二审的结果都不存在实质的影响。

第9章 核心专利司法保护对企业专利管理策略的影响研究

前几章分析了核心专利的价值、司法保护网络和律师的作用，然而核心专利司法保护对企业专利管理策略的影响如何？本章通过专利司法保护的研究对企业专利管理策略提供建议。

9.1 文献探讨与研究模型

国外学者对专利诉讼风险进行了一定的理论和实证研究[1][2][3]，更多的是关注专利保护法律方面的研究[4][5]。吉纳特和帕克（1997）从立法层面探讨专利司法保护水平，从保护的范围、加入相关国际协议的情况、有关专利权丧失的条例、实施机制和保护期限几个方面选取立法指标量化知识产权保护强度。[6] 艾莉森等（2009）从胜诉率的角度分析专利钓饵对科技

---

[1] Bessen J, Meurer M J. Patent Failure: How Judges, Bureaucrats, and Lawyer Put Innovation at Risk [M]. Princeton: Princeton University Press, 2008.

[2] Janicke P M, Ren L L. Who wins patent infringement cases [J]. AIPLA Quarterly Journal, 2006, 34 (1): 1 -41.

[3] Lemley M A, Shapiro C. Patent holdup and royalty stacking [J]. Social Science Electronic Publishing, 2007, 85 (7): 1991 -2049.

[4] Paul, S. Willful patent infringement: theoretically sound? A proposal to restore willful infringement to its proper place within patent law [J]. University of Illinois Law Review, 2006 (3): 660 -687.

[5] Shapiro, C. Injunction, hold -up, and patent royalties [J]. American Law and Economics Review, 2010, 12 (2): 509 -557.

[6] Ginarte J. C. , W. G. Park. Determinants of patent rights: A cross -national study [J]. Research Policy, 1997 (26): 283 -301.

型企业带来的诉讼风险，认为半导体产业及化学产业面临显著更多的专利诉讼，并指出，由于专利钓饵在庭审阶段的胜诉率并不高，所以，潜在的侵权企业可以选择“反诉、无效专利”的专利诉讼战略应对专利钓饵。❶纳赛尔（2014）认为专利司法保护对产业经济有着促进作用，专利保护强度与经济发展水平呈倒U型关系。❷

众多学者研究表明，专利诉讼的赔偿额能很好地体现专利的价值，价值更高更能给企业带来收益❸，专利价值可以用法院判决、权利要求、专利族、专利组合、专利引证等指标来衡量❹。丁维迪（1995）和竹中平藏（2000）却认为需要提高法院的判赔额，来吸引过往的投资，达到促进技术创新，体现专利的价值。❺❻兰珠和舍克曼（2001）从实证角度检验了专利诉讼的决定因素，认为侵权诉讼判赔额能很好地体现专利价值。❼贝森和穆勒（2008）对在美国化工、医药等领域的专利诉讼案件的实证研究表明，通过专利蟑螂从创新者处获得高昂的赔偿金严重影响了创新者的积极性❽，诉讼区分诉讼主体特征以及诉讼策略与专利侵权赔偿额的相关性，还对案件的区域属性做了研究❾。泽布罗克（2011）通过研究也提出，通

❶ Allison J, Lemley M, Walker J., Extreme value or trolls on top? Evidece from the most – litigated patents [J]. University of Pennsylvania Law Review, 2009, 158 (1): 1 – 37.

❷ Nasser A. Intellectual Property Rights and Bilateral Intra – Industry Trade Flows: An Intuitive Framework [J]. Theoretical Economics Letters, 2014, 4 (8): 716 – 726.

❸ Mazzeo M J, Hillel J, Zyontz S. Explaining the “unpredictable”: An empirical analysis of U. S. patent infringement awards [J]. International Review of Law and Economics, 2013 (35): 58 – 72.

❹ WANG S J. Factors to evaluate a patent in addition to citations [J]. Scientometrics, 2007, 71 (3): 509 – 522.

❺ Takenaka T. Patent infringement damages in Japan and the United States: Will increased patent infringement damage awards revive the Japanese economy? [J]. Re – Engineering Patent Law, 2000 (2): 309 – 370.

❻ Dinwiddie S. K. A shifting barrier? Difficulties of obtaining patent infringement damages in Japan [J]. Wash. L. Review, 1995: 833.

❼ Lanjouw JO., Schankerman M. Characteristics of patent litigation: a window on competition [J]. The rand journal of economics, 2001, 32 (1): 129 – 151.

❽ Bessen J., Meurer M. J. Patent failure: How judges, bureaucrats, and lawyer put innovation at risk [M]. Princeton: Princeton University Press, 2008: 96 – 146.

❾ 尹志锋，梁正．我国专利侵权诉讼赔偿额的影响因素分析 [J]. 中国软科学，2015 (12): 12 – 24.

常具备经济效益和潜在利用价值的专利往往更有可能涉及诉讼和纠纷。[1] 贺宁馨和袁晓东（2012）以 23 个省、自治区、直辖市的 42 家法院判决、调解的专利侵权案件为样本进行实证研究，研究表明请求赔偿额、专利类型、地区、年份变量对实际赔偿额的影响显著。[2] 毛昊等（2017）区分诉讼主体特征以及诉讼策略与专利侵权赔偿额的相关性，还对案件的区域属性做了研究。[3] 贺宁馨和董哲林（2018）认为，我国法定赔偿额的参考因素覆盖了其他三种专利侵权赔偿额的参考因素，具有一定积极作用，企业更倾向于选择自主创新的专利策略。[4] 现有研究表明，专利诉讼对于企业专利管理活动非常重要，而且专利胜诉的赔偿金额可以体现专利的价值，专利诉讼的影响因素有专利类型、专利权利要求数、专利维持时间、权利稳定性、专利所拥有的主体、诉讼地域、聘请律师情况、侵权请求赔偿额、法官和诉讼证据准备情况等。

参考贺宁馨等[5]和马泽奥等[6]的研究，构建基于胜诉的专利诉讼分析模型，其表达式如下：

$$P_W = \beta_0 + \beta_1 \text{CHAR} + \beta_2 \text{CASE} + \mu \qquad (9-1)$$

式（9－1）中：P_W是专利权人的胜诉率，表征专利权人提起专利诉讼时胜败诉的值，CHAR 表示涉诉专利的技术特征，CASE 表示诉讼的特征，β_0 是常量，β_1 和 β_2 是回归系数，μ 是随机扰动项。

用多元线性回归模型调查专利侵权损害赔偿制度对专利保护的有效性，模型的设定如下：

---

[1] Van Zeebroeck N. The puzzle of patent value indicators [J]. Economics of Innovation and New Technology, 2011, 20 (1): 33－62.

[2] 贺宁馨，袁晓东. 我国专利侵权损害赔偿制度有效性的实证研究 [J]. 科研管理，2012，33 (4): 124－130.

[3] 毛昊，尹志锋，张锦. 策略性专利诉讼模式：基于非专利实施体多次诉讼的研究 [J]. 中国工业经济，2017 (2): 136－153.

[4] 贺宁馨，董哲林. 专利司法保护对企业专利决策的影响机理研究 [J]. 科学学研究，2018，36 (3): 456－463.

[5] 贺宁馨，许可，董哲林. 专利诉讼的风险分析及其对企业专利战略的影响研究 [J]. 科学学与科学技术管理，2018，39 (7): 65－73.

[6] Mazzeo M. J, Hillel J., Zyontz S. Excessive or unpredictable? An empirical analysis of patent Infringement awards [EB/OL]. [2011－02－22]. http://ssrn.com/abstract＝1765891.

$$\ln ACT = \beta_0 + \beta_1 X + \mu \tag{9-2}$$

式（9－2）中：ACT 表示实际赔偿数额，β_0 是常量，β_1 是回归系数，X 表示赔偿额的影响因素，μ 是随机干扰项。

9.2 研究数据与实证研究

9.2.1 样本选取

从 Darts－IP 数据库中选取了福建省 2009—2017 年法院司法文书作为研究数据，通过检索得到 1054 件一审司法文书。其中，311 件为专利侵权诉讼判决书，14 件为权属纠纷、许可合同纠纷和行政纠纷，诉讼以后裁定准许撤诉的有 718 件（其中 4 件为权属纠纷、许可合同纠纷和行政纠纷）。在此不考虑撤诉的案件，因为有些是达成和解撤诉，有些是原告认为不能胜诉而撤诉，不能确定其真实的原因，裁定驳回起诉的有 11 件。对于不服一审判决提出二审诉讼的有 149 件，其中还有 2 件提出了再审的申请。

本节选取了 304 件一审人民法院的判决结果，所有数据均为手工收集整理，数据的统计和处理采用 SPSS18.0 来完成。

9.2.2 变量的选取

式（9－1）各个变量的选取与赋值：因变量 P_W，将专利权人胜诉赋值为 1，败诉赋值为 0，如表 9.1 所示，关于 CHAR 变量选择如下：

专利类型（TYPE）。我国的专利有发明、实用新型和外观设计三种类型，发明需要经过实质审查才能获得授权，创造性程度更高，发明被无效的可能性比较低，实用新型和外观设计没有经过实质审查就能获得授权，但是发起侵权诉讼需要提交专利检索评价报告，因此，不同类型的专利胜诉不一。

专利权利稳定性（SEN）。专利权利是否有效是诉讼的起点，而对于被诉方往往会提起无效宣告程序来对涉案专利提出无效宣告。被提起无效宣告次数越多而且还维持的专利，说明权利稳定性越好，如果被提起一次无效宣告就成功的，说明权利稳定性弱。因此，用无效宣告的程序来区分专利权利稳定性，专利权利稳定性高的胜诉的可能性高。

专利创新程度（INNO）。专利的创新程度代表着其技术的先进性，技术越先进，被侵权的风险越大，胜诉的可能性越高。

专利维持时间（TIME）。专利从申请到授权，再到发起侵权诉讼，维持时间越久，胜诉的可能性越高。

表9.1　胜诉影响因素的定义和说明

变量	定义	类型	取值
TYPE	专利类型	分类变量	发明专利赋值为1，否则为0，实用新型、外观设计的赋值以此类推
SEN	专利权利稳定性	数值变量	根据无效宣告文书获取，根据专利是否被提起无效宣告请求，无效宣告请求的次数以及最终的无效结果赋值为1～9
INNO	专利创新程度	数值变量	根据授权文书获取，依据专利类型、权利要求的数量以及技术创新程度赋值为1～9
TIME	专利维持时间	数值变量	根据授权文书获取
EN	原告类别	分类变量	根据判决文书获取，企业赋值1，个人赋值0
NATION	国籍	分类变量	根据判决文书获取，中国国籍赋值1，否为0
LAWYER1	原告是否聘请律师	分类变量	根据判决文书获取，是赋值1，否为0
LAWYER2	被告是否聘请律师	分类变量	根据判决文书获取，是赋值1，否为0

关于诉讼的特征量（CASE）指标的选择：

原告类别（EN）。企业具有更强的研发实力，技术转化能力更强，专利被侵权的概率更高，因此，原告类别是企业的获得胜诉的可能性更大。

国籍（NATION）。原告的国籍不同其对待专利诉讼的风险态度不同，因此，法院在考虑胜败诉时会一定程度考察国籍。

原告是否聘请律师（LAWYER1）。专利诉讼是专业化程度非常高的诉讼活动，因此，原告聘请律师有利于提高胜诉的可能性。

被告是否聘请律师（LAWYER2）。被告聘请律师有利于提高胜诉的可能性。

式（9-2）各个变量的选取与赋值：ACT 是法院判决的赔偿额。赔偿额影响因素变量的定义和说明如表 9.2 所示。相对于式（9-1），把原告类别变更为被告类别，由于专利诉讼是原告就被告原则，被告都是中国的企业，在此删除国籍变量，增加原告请求赔偿数额（AE）。如果专利权人胜诉的话，法官根据原告的诉讼主张来确定判决金额，因此，原告请求赔偿数额越高有可能获得更高的赔偿额，如表 9.2 所示。

表 9.2　赔偿数额影响因素变量的定义和说明

变量	定义	类型	取值
TY	专利类型	分类变量	发明专利赋值为 1，否则为 0，实用新型、外观设计的赋值以此类推
SE	专利权利稳定性	数值变量	根据无效宣告文书获取，根据专利是否被提起无效宣告请求，无效宣告请求的次数以及最终的无效结果赋值为 1~9
IN	专利创新程度	数值变量	根据授权文书获取，依据专利类型、权利要求的数量以及技术创新程度赋值为 1~9
TI	专利维持时间	数值变量	根据授权文书获取
ENTP	被告类别	分类变量	根据判决文书获取，企业赋值为 1，个人赋值为 0
LAW1	原告是否聘请律师	分类变量	根据判决文书获取，是赋值为 1，否为 0
LAW2	被告是否聘请律师	分类变量	根据判决文书获取，是赋值为 1，否为 0
AE	原告请求赔偿数额	数值变量	根据判决文书获取

专利类型（TY），一般认为发明专利的创新性更强，需要付出的劳动更多，法官更倾向于判决更高的赔偿数额。

专利权利稳定性（SE）。专利权利稳定性高的胜诉的可能性高，带来的赔偿数额更高。

专利创新程度（IN）。专利的创新程度越高，所能带来的市场效益越好，因此，获得赔偿数额更高。

专利维持时间（TI）。专利维持时间越长，市场所存在的时间越长，市场价值越高，因此，获得赔偿数额更高。

被告类别（ENTP）。被告如果是企业的话，赔偿承担能力更强，因此，赔偿数额更高。

原告是否聘请律师（LAW1）。专利诉讼是专业化程度非常高的诉讼活动，因此，原告聘请律师有利于提高赔偿数额。

被告是否聘请律师（LAW2）。被告聘请律师可以为专利诉讼提供专业化的帮助，寻找抗辩的措施，因此，被告聘请律师有利于减少赔偿数额。

9.3　实证结果与分析

9.3.1　胜诉的实证分析

样本数据为304件判决文件，其中专利权人胜诉258件，败诉46件，Model1为不区分专利类型的回归结果，Model2为发明的回归结果，Model3为实用新型的回归结果，Model4为外观设计的回归结果，如表9.3所示。

从表9.3可以看出，Model1的卡方值为25.840，显著水平为0.001，不能拒绝原假设，另外的也一样，logistic模型的拟合优度很好，具体的回归结果显示如下：

（1）原告类型在四个模型都是显著的，说明企业作为专利权人去提起诉讼，胜诉率非常大，相比个人，企业的研发能力更强，技术的转化效果更好，更有时间和精力去准备举证，胜诉的可能性大很多。

（2）原告聘请律师在 Model1 中显著，说明在专业性强的专利诉讼活动中，还是需要聘请律师来提高胜诉率，律师可以从专业的角度为专利诉讼活动提供专业化的意见。但是被告是否聘请律师却不显著，究其原因，在于被告是被动地进行专利诉讼活动，而且原告已经有证据的情况下，只能通过专利无效程序、现有技术进行抗辩，给律师发挥的空间比较小。因此，原告需要聘请律师来启动专利诉讼，被告是否聘请律师对胜诉败诉的影响不大。

（3）专利技术创新程度在 Model2 中不显著，说明在专利诉讼中，发明本身就是经过实质审查获得授权的专利，在专利诉讼中对胜败的影响不大，但是实用新型和外观设计没有经过实质审查，其技术创新程度越高，对胜诉的影响越显著，需要企业提高实用新型和外观设计的技术创新程度，以获取胜诉。

（4）专利类型、国籍、被告是否聘请律师、专利权利稳定性和专利维持时间都不显著。

表 9.3　胜诉的回归结果

模型	Model1		Model2		Model3		Model4	
	B	Sig.	*B*	Sig.	*B*	Sig.	*B*	Sig.
TYPE	-1.787	0.056	-0.260	0.702	0.503	0.202	-1.619	0.046
NATION	-20.163	0.999	-19.517	0.999	-19.672	0.999	-20.038	0.999
EN	0.842	0.017 **	0.874	0.014 **	0.945	0.008 **	1.015	0.005 **
LAWYER1	0.870	0.036 **	0.777	0.060	0.751	0.071	0.747	0.074
LAWYER2	0.122	0.793	0.142	0.762	0.203	0.668	0.255	0.592
SEN	0.156	0.198	0.104	0.394	0.090	0.469	0.097	0.444
INNO	-0.735	0.018 **	-0.116	0.325	-0.187	0.023 **	-0.480	0.008 **
TIME	-0.094	0.137	-0.054	0.373	-0.047	0.434	-0.052	0.384
常量	27.855	0.999	20.681	0.999	20.894	0.999	23.351	0.999
** 5% 置信区间	卡方：25.840	Sig. 0.001	卡方：22.112	Sig. 0.005	卡方：23.631	Sig. 0.003	卡方：26.294	Sig. 0.001

9.3.2 赔偿数额的实证分析

样本数据为专利权人胜诉的 258 件案件，模型 1 为整体的回归，模型 2 为发明和实用新型的回归，模型 3 为外观设计的回归，结果如表 9.4 所示。

从表 9.4 可以看出，模型 1 的 R^2 值为 0.420，模型 2 的 R^2 值为 0.524，模型 3 的 R^2 值为 0.345，只有模型 2 的解释效果更好，$F_{\alpha=0.05}$ (8253) = 1.975，根据自由度 253 查 t 分布表，得到 $t_{\alpha/2} = t_{0.025} = 1.96$，模型 1～3 都通过 F 检验，模型 1 中被告类型（ENTP）、技术创新程度（IN）和专利维持时间（TI）；模型 2 中被告聘请律师（LAW2）、权利稳定性（SE）、技术创新程度（IN）和专利维持时间（TI）；模型 3 中被告类型（ENTP）和被告是否聘请律师（LAW2）的 t 值小于 1.96，没有通过检验，其他变量都通过了检验。

表 9.4 赔偿数额的回归结果

模型 1	标准系数	t	Sig.	模型 2	标准系数	t	Sig.	模型 3	标准系数	t	Sig.
（常量）	—	11.054	0.000	（常量）	—	10.406	0.000	（常量）	—	10.993	0.000
TY	-0.541	-2.785	0.006 *	TY	-0.250	-1.968	0.052	—	—	—	—
ENTP	0.023	0.462	0.645	ENTP	-0.153	-2.194	0.030 *	ENTP	0.133	1.902	0.059
LAW1	-0.316	-5.570	0.000 *	LAW1	-0.340	-4.169	0.000 *	LAW1	-0.268	-3.320	0.001 *
LAW2	0.158	2.818	0.005 *	LAW2	0.156	1.908	0.059	LAW2	0.108	1.312	0.192
SE	-0.132	-2.399	0.017 *	SE	-0.143	-1.865	0.065	SEN	-0.144	-2.018	0.046 *
IN	-0.213	-1.065	0.288	IN	-0.068	-0.555	0.580	—	—	—	—
TI	0.059	1.195	0.233	TI	0.026	0.353	0.725	TI	0.153	2.074	0.040 *
AE	0.376	7.540	0.000 *	AE	0.515	7.193	0.000 *	AE	0.437	6.065	0.000 *

模型 1：R^2：0.420，调整 R^2：0.401，F：22.432.

模型 2：R^2：0.524，调整 R^2：0.486，F：14.008.

模型 3：R^2：0.345，调整 R^2：0.317，F：12.229.

*：表示 5% 的显著水平。

通过具体的回归结果显示：

（1）专利类型只有在模型1回归显著，说明发明和实用新型专利对赔偿数额的计算有着显著的影响。

（2）被告的类别在模型2中回归显著，说明发明和实用新型专利在诉讼时，选择企业作为被诉对象可以获得更多的赔偿数额，而外观设计却不明显，企业和个人的赔偿数额没有明显区别。

（3）原告聘请律师在模型1～3中都回归显著，说明原告聘请律师在计算赔偿数额时作用明显，可以显著地提高赔偿数额；而被告聘请律师在模型1中回归显著，说明被告聘请的律师可以为其减少赔偿数额，律师的作用明显。

（4）专利权利稳定性在模型1和模型3中回归显著，说明专利权利的稳定性对赔偿数额有着显著的影响，但在发明和实用新型专利诉讼中没有那么明显。

（5）专利创新程度和专利维持时间在模型1和模型2中都回归不显著，外观设计没有权利要求数量，因此，不区分其创新程度；但是专利维持时间在模型3中回归显著，说明外观设计的维持时间越长，获得赔偿的数额会越多。

（6）请求赔偿的金额在模型1～3中都回归显著，说明请求赔偿数额提得越多，法官的最终判决数额会越多。

9.4 研究结果与讨论

9.4.1 企业类型和专利类型

企业作为专利权人提起诉讼时，胜诉率非常大，建议企业在发现有侵权产品时，可以及时向法院提起侵权诉讼，用于制止侵权行为，维护市场秩序。在选择被诉对象时，发明和实用新型专利尽量选择企业类型，获得的赔偿数额更多，而外观设计则企业和个人差别不大。

9.4.2　聘请律师情况

原告聘请律师可以提高胜诉率，被告是否聘请律师对胜诉败诉的影响不大。但是，在赔偿额模型中，原告聘请律师可以显著地提高赔偿额，被告聘请律师也可以减少赔偿额，说明在专业化水平较高的专利诉讼中，律师的作用显著。建议企业在提起专利诉讼时需要聘请专业律师，收集相关证据，制定诉讼策略，进而获得胜诉，在计算赔偿额时也可以争取到更好的数额，而对于被告而言，聘请律师可以在侵权赔偿额计算时发挥作用，为企业减少赔偿数额。

9.4.3　专利技术创新程度

一般认为发明的技术创新程度较高，其代表的价值更高，然而回归结果显示，专利技术创新程度对发明的胜诉模型回归不显著，但是实用新型和外观设计回归显著。在赔偿额模型中回归不显著，说明实用新型专利和外观设计专利与赔偿数额之间更契合，究其原因，可能是发明专利证明其侵权比较困难。特别是方法发明的证明要求更高、证据更难获得、技术更复杂的专利相对于法官而言，判定难度更大，而实用新型专利和外观设计专利的判定侵权相对容易些。建议企业在选择实用新型和外观设计专利诉讼时还是要选择有价值的专利，技术创新程度越高，越能获得经济赔偿。企业需要加强技术研发，提高其技术创新的程度，获得更大的专利价值。

9.4.4　权利稳定性与无效宣告程序

权利稳定性在胜诉模型中回归不显著，在赔偿额模型1和模型3中回归显著。根据《专利法》的规定，实用新型和外观设计专利在提起专利诉讼时需要提交专利权利评价报告，专利权人在提起专利诉讼时都已经对专利权利进行了评估，在专利诉讼过程中，由于审限以及案件积压的情况，人民法院对即使对于涉案专利提起无效宣告的也不进行中止审理，而是直接根据权利要求书的范围来确定专利的保护范围，如果被诉侵权产品落入其保护范围则判定侵权成立，再进行赔偿金额的计算。因此，法院不会等待无效宣告的结果再进行侵权判定，如果被告对涉案专利的无效宣告成功，案件还处于二审阶段则直接驳回原告的诉讼请求；如果已经执行完毕，则可以申请执行回转。

无效宣告程序应该是被诉侵权人在专利诉讼中的有利措施，上述实证数据表明被诉侵权人对发明和实用新型提起无效宣告的意愿强烈，但是对外观设计几乎不提起无效宣告程序，以下两个原因可以部分解释上述问题：（1）外观设计的实际判决金额均值为 4.3 万元，而无效宣告程序的律师费用一般为 2 万～5 万元，从经济角度而言，被诉侵权人如果提起无效宣告程序不成功，还要再付一笔费用。（2）在诉讼的外观设计专利权前期在国家知识产权局都做了专利权利评价报告，专利权利相对稳定些，因此，被诉侵权人不愿意再花费时间精力去对权利稳定性进行争辩。

建议企业在面对专利诉讼时根据专利评价报告来决定是否提起无效宣告程序；如果专利评价报告对专利的新颖性和创造性评价比较低，则可以再次收集证据提起无效宣告程序；如果权利稳定性高，则不需要提起无效宣告程序，从现有技术、侵权赔偿额的减少进行抗辩。

9.4.5 专利维持时间

专利维持时间只有在赔偿额模型 3 中回归显著，原有的研究都表明专利维持时间是对专利质量一个非常重要的指标，此研究结果显示专利维持时间与专利实际判决金额之间回归不显著，原因在于，专利质量与专利价值之间不是必然统一的，专利质量考察的是专利本身的权利稳定性，以及技术创新能力和市场经济性；专利赔偿额更多的是从市场角度确定专利的市场价值。案号为（2016）闽 05 民初 725 号的专利号为 ZL201010104157.0，从申请到诉讼的专利维持时间为 6 年，但却获得 8050 万元的赔偿额，另外专利号为

ZL201420522729.0 的一种一体式自拍装置申请提出后的 3 年内陆续发起几十起诉讼，获得了大量的赔偿数额。此专利是自拍杆的重要专利，市场应用前景非常广，每年可获利上亿元，而且被提起了 28 次无效宣告还被维持其权利。因此，专利维持时间代表的是专利质量，而专利价值与专利维持时间不一定成正比，建议企业在选择专利诉讼的对象时，需要更多地从市场的角度去考虑，只是市场销售数额多、容易调查取证的产品更能获得赔偿数额。

9.4.6　请求赔偿数额

专利权人的请求赔偿数额在赔偿额模型 1 ~ 3 中都回归显著，考察其原因有：虽然适用“法定赔偿”的标准，但是“法定赔偿”的范围是 1 万 ~ 100 万元，跨度非常大，法官遵循请求的原则，在原告提出的赔偿请求额的范围内进行综合考量确定赔偿额，如果原告只提出 1 万元的赔偿请求额，法官不可能超过其请求额来确定更高的数额。因此，建议企业在提起诉讼时，可以在“法定赔偿”标准的上限去提出请求，争取获得更高的判决数额。

9.5　本章小结

本章通过构建基于胜诉的专利诉讼分析模型和构建专利侵权损害赔偿制度对专利保护的有效性模型，从 Darts - IP 数据库中选取了福建省 2009—2017 年法院司法文书的 304 件一审人民法院的判决结果作为研究数据，研究结果显示：

（1）企业在发现侵权产品时，可以及时向法院提起侵权诉讼，在选择被诉对象时，发明和实用新型专利尽量选择企业类型，获得的赔偿数额更多，而外观设计则企业和个人差别不大。

根据《专利审查指南 2010》（2019 年修订）发明专利的创造性要求是

具有突出的实质性特点和显著的进步，实用新型专利是实质性特点和进步，二者所代表的创造性高度不一样，另外发明专利需要经过实质审查，会对发明专利的实质性要件进行深入审查，而实用新型专利和外观设计专利是采用初步审查制，经过审查初步条款即可授予专利权。针对技术含量高的发明专利所占比例不到10%的情况，根据国家知识产权局统计数据显示❶，1985—2018年全国的发明申请量所占比重为35.71%，实用新型为39.89%，外观设计则为24.40%，三种类型专利被提起诉讼的数量并不与其申请量所占比例一致，外观设计专利的维权诉求比另外两种高很多。因此，企业选择诉讼的专利并不是根据技术的创新程度来选择诉讼对象的。

(2) 企业在提起专利诉讼时需要聘请专业律师，收集相关证据，制定诉讼策略，进而获得胜诉，在计算赔偿额时也可以争取到更高的数额，而对于被告而言，聘请律师可以在侵权赔偿额计算时发挥作用，为企业减少赔偿数额。

专利诉讼作为专业性极强的司法活动，往往需要专业人士参与，法院还会设置技术调查官就技术问题开展调查，给法官提供技术报告，我国《民事诉讼法》规定的诉讼代理人分别为：①律师、基层法律服务工作者；②当事人的近亲属或者工作人员；③当事人所在社区、单位以及有关社会团体推荐的公民。专利申请事项一般委托专利代理师执行，但是参与专利诉讼业务的专利代理师还需要向中华全国专利代理师协会❷提交申请取得诉讼代理师的资格，才能代理当事师参与专利诉讼，但是其权利与律师还是有所差别，律师在诉讼中比另外的诉讼代理师发挥更大的作用。因此，专利诉讼是否聘请律师也比较重要。

通过统计撤诉的案件，92.62%的原告聘请律师，只有62.34%的被告聘请律师；侵权诉讼案件中，56.59%的原告聘请律师，34.08%的被告聘请律师；对于专利诉讼这种专业性极强的案件，撤诉案件的聘请比例比进

❶ 国家知识产权局. 国内外三种专利申请年度状况［EO/BL］.［2019-07-27］. http://www.cnipa.gov.cn/tjxx/jianbao/year2018/a/a2.html.

❷ 根据中华全国专利代理人协会诉讼代理管理办法（全专协发字〔2018〕004号）第二条规定：专利代理人从事专利诉讼业务，应当取得诉讼代理人资格。

行诉讼案件的聘请比例高很多，司法文书中只记载原告提出撤诉的请求，并没有写明原因，根据司法实践，撤诉的原因一般有以下几种情况：①原告和被告签订和解协议；②原告专利权利出现问题；③原告证据准备不足，等等。其中第一种情况比较普遍。侵权诉讼案件的原告聘请律师比例比被告聘请律师比例高，其中，原告胜诉的案件中，聘请律师比例达到60%，说明律师在专利诉讼中的作用还是比较明显的。

（3）企业在选择实用新型和外观设计专利诉讼时还是要选择有价值的专利，技术创新程度越高，越能获得经济赔偿。专利诉讼类型中，被专利权人提起的诉讼对象外观设计专利最多，发明和实用新型专利一般被认为是技术含量更高的技术，但是现实中外观设计专利的维权诉求比另外两种高很多，说明企业选择诉讼的专利并不是根据技术的创新程度来选择诉讼对象的。

（4）企业在面对专利诉讼时根据专利评价报告来决定是否提起无效宣告程序，如果专利评价报告对专利的新颖性和创造性评价比较低，则可以再次收集证据提起无效宣告程序；如果权利稳定性高，则不需要提起无效宣告程序，从现有技术、侵权赔偿额的减少进行抗辩。

（5）企业在选择专利诉讼的对象时，需要更多地从市场的角度去考虑，只是市场销售数额多、容易调查取证的产品更能获得赔偿数额。

（6）企业在提起诉讼时，可以在“法定赔偿”标准的上限去提出请求，争取获得更高的判决数额。

第10章　核心专利司法保护策略

前一章从核心专利司法保护对企业专利管理策略的影响，企业提起诉讼时需注意选择对象，聘请专业律师，如何选择无效宣告程序以及如何选择赔偿标准等角度进行了分析和研究，专利司法保护是个复杂的生态圈，本章将从专利权人核心专利诉讼保护策略、被告如何应诉、专利诉讼活动与经济发展的相关性展开讨论。

10.1　专利权人核心专利诉讼保护策略

专利权人在发生侵权诉讼时，如何制定诉讼策略，采取哪种专利类型进行诉讼、诉讼的地点以及侵权赔偿额的计算等都需要进行深入的探讨，当企业被提起侵权诉讼时，如何进行应对也尤为重要。下面以华为案件、系列诉讼案件和被告如何应诉等方面来分析。

10.1.1　华为案件

案号为（2016）闽05民初725号的华为终端有限公司诉福建省泉州市华远电讯、三星（中国）有限公司的诉求金额为8050万元，得到了法院的全额支持，为历年判赔金额之最。2017年12月底，二审法院（福建省高级人民法院）作出判决，除了在停止侵权方面所涉及的具体型号作出了调整，其余涉及的赔偿方面都维持了一审判决。华为诉三星的案件除了在泉州市中级人民法院有诉讼，华为还在其他法院都提出类似的专利侵权诉讼，如深圳知识产权法庭［案号分别为(2016) 粤 03 民初 816 号和 840 号］；三星也有提起针对华为的诉讼，如 2016 年 7 月，三星将华为诉至北京知识产权法院，索赔金额高达 1.61 亿元。华为和三星之间的专利纠纷从 2016 年 5 月 25 日开始，华为宣布，在美国和中国提起对三星公司的知识产权诉讼。2016 年 6 月，华为再度将三星起诉至泉州中院，诉称三星共计 16 款手机产品涉嫌专利侵权，并索赔 8050 万元［案号为（2016）闽 05 民初 725 号］。2016 年 7 月，三星在多地提出了对华为的专利侵权诉讼，诉称华为 Mate8、荣耀等产品使用了其专利权，索赔 1.61 亿元。2017 年 4 月，泉州中院一审判决，三星 22 款产品构成专利侵权，三星赔偿华为 8000 多万元，福建省高院维持了此判决。2017 年 9 月 30 日，原国家知识产权局专利复审委员会发布了 8 份与三星专利相关的专利无效宣告复审决定。2018 年 1 月 11 日，深圳知识产权法庭公开宣判两宗标准必要专利侵权纠纷案［案号分别为(2016) 粤 03 民初 816 号和 840 号］，深圳知识产权法庭责令，被告三星立即停止以制造、销售、许诺销售的方式，侵害华为专利号为 ZL201110269715.3 专利权的行为，驳回原告华为的其他诉讼请求。

从华为和三星的专利纠纷来看，华为和三星的纠纷主要在于手机的技术标准，为了占领通信领域的制高点。华为已经连续好几年在 PCT 专利申请量上位居全球前三，在国际排名上，华为目前是中国企业发明专利授权量第一位。而在欧美市场专利授权量方面三星则远超华为，其不仅仅是在屏幕方面，甚至在存储、半导体、芯片等行业，在世界上都是数一数二的。虽然华为的研发投入已经很多了，但三星的研发投入比华为更是多得多，常年排名都是前三。在通信领域，华为不论是在专利数还是其他方面所取得的成就都远远高于三星，三星只能算是刚刚起步，自 2018 年华为公司成功超越苹果公司成为全球第二的手机生产厂商之后，三星和华为的正面交锋已经不可避免了。不仅仅在手机方面，通信领域也开始了新一轮的竞争，华为很早就对外宣布要拿下全球最大手机生产厂商的计划了，而三星则宣布重回中国市场。

华为和三星的专利纠纷体现的是对市场的占有纠纷，在标准必要专利的纠纷是“赢者通吃”的争夺，在3G和4G时代，高通就是掌握了标准，掌握了标准必要专利，从而占据了市场的主导地位。如果华为能在5G时代占据标准必要专利，必然会占据市场的领先地位。因此，专利诉讼就成为市场竞争的手段，这种纠纷表面上是由专利许可问题引起的，但实质上是一种市场竞争，通过专利诉讼来争取市场优势和份额。在市场上，同行之间存在竞争是正常现象，但这种竞争并非绝对的，纠纷解决后可能会产生新的平衡，甚至会促使双方在专利许可等领域更好地合作。

华为选择了泉州中院作为诉讼的法院管辖地，体现了华为对福建省专利司法保护环境的信任，而且，泉州中院是众多诉讼中最先判决的，此判决也为其他法院的诉讼提供了参考，深圳中院也判决三星立即停止对华为专利的侵犯。因此，专利权人在选择法院诉讼地也尤为重要，司法环境好的地域法院应该更受到当事人的青睐。

10.1.2 系列诉讼案件

福建省南平铝业从2009—2012年，针对其专利ZL02304370.9和专利ZL2304381.4在龙岩、南平、三明、莆田、厦门等地提起了11件诉讼，法院平均支持了5.6万元的赔偿额。杨某某针对其专利ZL200520113968.1在2010—2016年间提起18件诉讼，法院平均支持了46875元的赔偿额；专利ZL200530120150.8在2010—2015年提起19件诉讼，法院平均支持了38571元的赔偿额。黄某某针对其专利ZL200930237743.0在2016年针对莆田市的首饰店提起了16件诉讼，法院每件支持了2万元的赔偿额。源德盛塑胶电子（深圳）有限公司针对其专利ZL201420522729.6在2017年提起17件诉讼，法院每件支持了1.5万元的赔偿额。江西珍视明药业有限公司针对其专利ZL201030049429.2提起了11件诉讼，福州法院平均支持了3000元的赔偿额，泉州法院平均支持了1.5万元的赔偿额，差距较大。

以上的系列诉讼几乎都是针对单件专利，法院都部分支持了其诉讼请求，并且专利权人获得了相关的赔偿。一般而言，系列诉讼的案件资料都差不多，法院有前期判决作为参考，类似的案件的判决结果大致相同，如黄某某针对其专利ZL00930237743.0是诉讼和源德盛塑胶电子（深圳）有限公司针对其专利ZL201420522729.6的诉讼。但是，各地法院的支持并不完全一致，差距较大的是江西珍视明药业有限公司的赔偿数额问题，福州法院和泉州法院的支持额度差距5倍，从被告主体来看，泉州是针对企业所提起的诉讼，而其他是针对个体所提起的诉讼。

从系列诉讼的案件可以看出，专利权人在提起诉讼时可以先确定一个胜诉判决，再分年度提起其他的诉讼，如福建省南平铝业和杨某某纠纷案中，原告在发现侵权行为时，一步一步地提起诉讼，把前期的诉讼判决作为证据提供；另一种策略则是在掌握了明确的侵权证据时，一次性地提出所有的诉讼，避免侵权方对产品进行修改，造成证据的灭失，如黄某某和源德盛塑胶电子（深圳）有限公司纠纷案，当然这需要对前期侵权对比做得深入和细致，如果证据有瑕疵，所有的系列诉讼很可能都会败诉。在诉讼被告主体的选择上，要考虑被告的赔偿能力，一般外国跨国公司的赔付能力最强，如华为诉三星案件，三星公司在判决生效后立即支付了赔偿款项。接着为公司主体，最后才是个体经营者，往往个体经营者也是在不知情的情况下使用制造专利产品，但其赔付能力较差，法院一般会酌情判决。因此，在选择诉讼对象时，需要谨慎选择，否则会浪费司法资源。

10.2 被告应诉策略

被告在收到法院传票时，需要对案件高度重视，从法律上，被告可以采用不侵权的抗辩、合法来源的抗辩、赔偿数额的抗辩等方式来应对。

10.2.1 不侵权的抗辩

不侵权的抗辩指的是自己的产品没有落入原告的专利保护范围，如果认为涉案专利不符合专利法的授权程序的话，可以提出无效宣告的程序，向国家知识产权局专利复审和无效审理部提起无效宣告程序。但是，无效宣告程序比较漫长，有可能诉讼已经判决了，无效宣告程序还没有走完，而且对无效宣告结果不服的还可以向法院提起行政诉讼，确权的程序过长。311 件专利诉讼中，只有 97 个案件的专利提起了无效宣告的程序，针对确权程序冗长的问题，《专利法》第 67 条规定：在专利侵权纠纷中，被控侵权人有证据证明其实施的技术或者设计属于现有技术或者现有设计的，不构成侵犯专利权。提出了现有技术的抗辩，此条款可以被充分地利用，如邱某某诉刘某某、天津金泰宝建筑模壳工程纠纷案［案号为（2008）厦知初字第 271 号］中，被告采用现有技术抗辩获得了成功。另外，可以对专利文件做深入分析，确定自己的产品是否落入专利保护范围，从技术目的、技术效果和技术方案等方面做全面的分析，对于等同技术特征做好抗辩。

当然不侵权的抗辩，需要建立在强大的专利信息分析的基础上，要对涉案专利进行详细技术对比，在检索的基础上，获得公知技术，才能得到现有技术，需要聘请专业人员来分析数据，可以聘请专利代理师或者律师来做此项工作。

10.2.2　合法来源的抗辩

《专利法》第 77 条规定：为生产经营目的使用、许诺销售或者销售不知道是未经专利权人许可而制造并售出的专利侵权产品，能证明该产品合法来源的，不承担赔偿责任。合法来源的抗辩可以在广大个体经营者中使用，个体经营者都是终端经营者，其产品几乎都是通过中间商或者厂商提供，只要能证明其产品的合法来源即可不承担赔偿责任。现实的问题在于，很多个体经营者不能提供合法来源的证据，比如进货合同、发票和转账记录等证据，个体经营者对上述文件不重视，往往就是从批发市场零星的批发货物，也不重视是否会侵权，需要个体经营者在进货的时候更加规范，保留相关的证据，以避免出现诉讼。

10.2.3　赔偿数额的抗辩

一审判决的案件中原告胜诉率为85.58%，诉讼请求判赔比平均数为34.98%，原告的诉讼请求也不是都获得支持，根据《专利法》（2008年修正）第65条规定：侵犯专利权的赔偿数额按照权利人因被侵权所受到的实际损失确定；实际损失难以确定的，可以按照侵权人因侵权所获得的利益确定。权利人的损失或者侵权人获得的利益难以确定的，参照该专利许可使用费的倍数合理确定。赔偿数额还应当包括权利人为制止侵权行为所支付的合理开支。权利人的损失、侵权人获得的利益和专利许可使用费均难以确定的，人民法院可以根据专利权的类型、侵权行为的性质和情节等因素，确定给予1万元以上100万元以下的赔偿，2020年10月17日修改后的《专利法》规定："确定给予三万元以上五百万元以下的赔偿"，提高了法定赔偿额的下限。侵犯专利权的赔偿数额的赔偿顺序为实际损失、侵权获利、专利许可使用费的倍数、法定赔偿。

现实中，原告往往很难确定其实际损失，一般采取侵权获利的计算标准，如华为诉三星案件，更多的案件对于侵权获利也难以计算，专利许可使用费则更难提供，有些是原告不愿意提供，有些是原告的专利技术是自身使用、没有进行专利许可行为，也就没有专利许可使用费。绝大多数的案件都是采用法定赔偿的标准，由法官进行自由裁量。对于被告而言，如果不能证明产品不侵权，应当从赔偿数额角度提供证据去证明自身没有获利，可以提供财务报表等证明，来降低赔偿额；如果也不适合提供财务数据，则可以从案件的类型、使用的范围、自己销售的数据、公司的实力等角度向法官提供侵权行为的偶然性，性质轻微的情节供法官裁量。

10.3　专利诉讼活动与经济发展

"能动司法"是最高人民法院原院长王胜俊于2009年6月至8月，先后对宁夏、江苏等地法院进行实地考察时提出的。2009 年 6 月 16 日至 19 日，王胜俊在宁夏各级法院调研时使用了“能动司法”一词，他指出，要“强化能动司法，在保增长中彰显大局意识，在保民生中彰显为民意识，在保稳定中彰显责任意识”❶。福建省高级人民法院提出能动司法，是新时期人民法院工作的重大理念创新，福建法院坚持以大局为重、以民生为先、以服务为要、以公正为基，坚持敢为能为有为，注重创新创造创先，大力加强能动司法，为党和国家工作大局服务，为福建发展和海西建设服务。❷ 福建各地法院都在推动能动司法的建设，法院如何发挥司法的主观能动性，积极主动地为该省产业发展服务，如何在现有法律框架下，通过选择合适专利司法保护来为产业发展服务这是一个值得讨论的问题。

10.3.1 知识产权法庭

专利作为知识产权领域的客体，其司法审判机制与其他客体有着重要的差异，知识产权的商标和著作权可以由基层法院管辖，而专利只能由中级人民法院作为一审的管辖法院，还有个别最高人民法院指定的基层法院管辖。福建省关于专利诉讼管辖法院问题，经历了多次变化，根据《民事诉讼法》的规定，我国民事纠纷采用的是原告就被告的诉讼地原则，因此，管辖法院以被告所在地为原则，最高人民法院出台的《关于审理专利纠纷案件适用法律问题的若干规定》❸ 中规定：“第二条专利纠纷第一审案件，由各省、自治区、直辖市人民政府所在地的中级人民法院和最高人民法院指定的中级人民法院管辖。最高人民法院根据实际情况，可以指定基层人民法院管辖第一审专利纠纷案件。”福建省高级人民法院关于印发《福建省高级人民法院关于知识产权案件收案范围和案件管辖若干问题的

---

❶ 李少平．对人民法院诉讼服务机制的理性思考［J］．人民司法，2009（5）：6-8.

❷ 马新岚：坚持能动司法 服务改革发展［EO/BL］．［2020-02-18］．http：//fjfy.chinacourt.gov.cn/article/detail/2011/12/id/1188216.shtml.

❸ 根据 2013 年 2 月 25 日最高人民法院审判委员会第 1570 次会议通过的《最高人民法院关于修改〈最高人民法院关于审理专利纠纷案件适用法律问题的若干规定〉的决定》（法释〔2013〕9 号）第一次修正，至今有效，后续的都有文件确定相关的管辖权。

意见》的通知（闽高法〔1998〕92 号）中规定：福州市、厦门市中级人民法院管辖全省第一审专利纠纷案件，除厦门市中级人民法院受理厦门经济特区范围内的专利纠纷案件外，全省的专利纠纷案件均由福州市中级人民法院受理。根据《最高人民法院关于同意指定福建省泉州市中级人民法院审理专利纠纷案件的批复》（法函〔2005〕21 号），从 2006 年起泉州市中级人民法院可以审理发生在其辖区内下列专利纠纷案件的第一审法院，从 2006 年开始福州市中级人民法院、泉州市中级人民法院和厦门市中级人民法院分别具有专利纠纷的管辖权。根据《最高人民法院关于同意福州市中级人民法院内设专门审判机构并跨区域管辖部分知识产权案件的批复》（法〔2017〕236 号），福州知识产权法庭于 2017 年 9 月 28 日正式挂牌成立，跨区域管辖发生在福建省辖区内有关专利的第一审知识产权民事和行政案件，此后关于专利纠纷的管辖权都在福州知识产权法庭，其他法院都没有管辖权。现在的二审都在福建省高级人民法院审理[1]，但是，从 2019 年 1 月 1 日起福建省关于专利纠纷的上诉案件都归最高人民法院知识产权法庭管辖，福建省高级人民法院不再拥有管辖权，2019 年 9 月 5 日厦门知识产权法庭正式挂牌成立，将跨区域管辖发生在厦门市、漳州市、泉州市、龙岩市辖区内的专利、植物新品种、集成电路布图设计、技术秘密、计算机软件、涉及驰名商标认定及垄断纠纷的第一审知识产权民事和行政案件；发生在厦门市辖区内除基层人民法院管辖范围之外的第一审知识产权民事、行政和刑事案件；不服厦门市辖区内基层人民法院审理的第一审知识产权民事、行政和刑事案件的上诉案件。此时，福建省关于专利的一审管辖，划分为福州知识产权法庭和厦门知识产权法庭两个法院进行管辖，分别管辖福州市、宁德市、南平市、莆田市、三明市和平潭试验区的纠纷；厦门市、泉州市、龙岩市和漳州市专利纠纷，福建省高级人民法院

[1] 全国人民代表大会常务委员会关于专利等知识产权案件诉讼程序若干问题的决定由 2018 年 10 月 26 日第十三届全国人民代表大会常务委员会第六次会议通过，并于 2019 年 1 月 1 日实施。决定规定：关于发明专利、实用新型专利等专业技术性较强的知识产权民事案件第一审判决、裁定不服，提起上诉的和对专利等专业技术性较强的知识产权行政案件第一审判决、裁定不服，提起上诉的，由最高人民法院知识产权法庭审理，最高人民法院知识产权法庭于 2019 年 1 月 1 日起挂牌成立。

管辖本辖区内重大的专利纠纷，二审都集中在最高人民法院知识产权法庭管辖。

诉讼管辖权经过了多次的变化，改革向着集中的方向前进，十二届全国人大常委会第十次会议作出了《关于在北京、上海、广州设立知识产权法院的决定》，三地的知识产权法院迅速成立。李明德（2018）提出在北京、上海、广州三个知识产权法院的基础之上，增设3～5个知识产权法院；明确知识产权法庭是知识产权法院的派出机构，设立全国性的知识产权高级法院。[1] 对于福建省而言，福州知识产权法庭和厦门知识产权法庭管辖全省的专利一审案件，在本省内进行应诉即可，但是二审确需要到北京最高人民法院知识产权法庭，去应诉，对于当事人而言，是否会面临着诉讼不便利的情况，增加诉讼成本。

知识产权法庭还积极参与专利多元纠纷解决机制，通过法院的能动司法，为专利诉调对接提供支持，如思明区法院对接厦门市文化执法支队，共同建立福建省首个“知识产权诉调对接机制”，将知识产权纠纷行政调解与法院司法诉讼机制相衔接，明确知识产权纠纷行政调解、司法确认、效力执行等一系列流程，规范双方的权利义务，并推动首份知识产权司法确认裁定书的出台。福州知识产权法庭联合福建省知识产权局、福建省知识产权维权援助中心、福州市市场监督管理局、福州市知识产权局、福州市知识产权中心及福州海关等多家单位，推进知识产权多元化纠纷解决工作，强化知识产权行政与司法协同保护体系，开展知识产权诉调对接工作，为福州知识产权保护营造良好的法制环境、市场环境和营商环境。

知识产权法庭的成立，对专利的管辖进行了集中，审判的尺度得到了统一，实现跨区域的专利保护，赔偿标准趋于统一，避免类案判赔数额畸高或畸低。加大依职权调查取证力度，严格公证行为效力标准，加大对“时间戳”“存证云”“区块链”等新型固定证据方式的运用，明确效力标准；知识产权法院深度参与多元化纠纷解决工作，以司法判决的效力作为纠纷解决的支撑，推动当事人对纠纷的和解或者调解，发挥着能动司法服

[1] 李明德. 关于我国知识产权法院体系建设的几个问题［J］. 知识产权，2018（3）：14－26.

务经济发展的作用，有效地对专利进行保护，营造良好的法治氛围，推动产业经济发展。

10.3.2　地域对产业经济发展的影响

泉州、福州、厦门专利诉讼地区中，泉州受理的案件最多，福州次之，厦门再次之，这与三地的经济总量是相对应的，经济活动越频繁的地区，受到的专利诉讼越多，各地受理的原告所在地还是以本省案件为主。现在专利管辖权的集中，相对于泉州市而言，当事人相对不方便，需要到厦门知识产权法庭进行诉讼，时间成本会有所增加。但是，管辖权的集中也有利于法院对案件的审判尺度进行统一，保障创新驱动发展战略、营造一流营商环境，也能充分发挥审判职能作用和司法保护主导作用，严厉打击售假侵权行为，为社会营造尊重知识产权的良好环境。

司法保护的力度与经济发展有着直接的相关性，泉州虽然是福建省经济总量最高的地区，但是其产业结构以轻工业为主，其专利申请以实用新型和外观设计为主，其发明专利申请数量还是没有福州多，如2017年福州发明专利申请量在全省率先突破万件关口，达到10038件，泉州发明专利申请量6130件❶，相对于厦门而言，主要以旅游业、文化创意产业为主要的产业，其专利申请数量不及泉州和福州。因此，涉及专利司法保护时，厦门涉及侵权的主体更少，经济主要集中在外贸、物流、房地产和文化创意产业，在厦门发生的诉讼相对更少，厦门法院受理的案件也少一些，还是以外观设计专利为主。福州大力发展高新技术产业，2018年新增国家级高新技术企业数和省级高新技术企业培育库入库企业数均位列全省第一，实现福州高新技术企业发展的大跨越，2018年福州新增国家级高新技术企业283家，其中电子信息类、高新技术服务类企业数量占总数的63%❷。

---

❶ 福州市科技局. 福州市有效发明专利拥有量和发明专利申请量双双突破万件大关——连续七年位居全省首位［EO/BL］.［2020-02-02］. http://www.fuzhou.gov.cn/zgfzzt/skjj/kjzl/kjzx/kjdt_30059/201803/t20180315_2028389.htm.

❷ 福州市科技局. 我市新增213家省级高新技术企业［EO/BL］.［2020-02-20］. http://www.fuzhou.gov.cn/zgfzzt/skjj/kjzl/kjzx/kjdt_30059/201901/t20190118_2743923.htm.

所涉及关于专利技术方面的纠纷就更多，良好的司法保护环境是保持经济稳定增强的保障，从年度判赔比来看，福州对原告的支持力度最大，其能有效地为福州高新技术产业的发展提供司法保障。

地方经济的产业集中度对于经济社会的发展有着重要影响，每个地域都有着自身的特色，如泉州形成了纺织服装、鞋业、石油化工、机械装备、建材家居五大千亿产业集群，围绕着这些产业打造技术生态圈，通过技术的不断迭代，形成竞争优势，通过研发核心专利，保持竞争优势，并运用专利战略保护产业发展，形成产业集聚优势，开发核心产业的上下游关联企业，推动经济社会的发展。如厦门的厨卫产业发展迅猛，2017 年 3 月 21 日，国家知识产权局在厦门自贸片区设立中国厦门（厨卫）知识产权快速维权中心，为厨卫行业的相关知识产权的快速审查、快速确权和快速维权提供服务，还可以提供外观专利快速授权、专利授权等通知书办理、涉案专利快速确权、侵权纠纷快速维权、专利检索及咨询、外贸订单知识产权状态预确认、专利权评价报告咨询、商标版权服务、知识产权维权援助与扶持奖励、咨询专家库与快速调解服务等十项特色服务，为厦门的厨卫行业保驾护航。

专利诉讼中的地域成本对于经济发展有着一定的影响，专利实行集中管辖，相对于统一裁判尺度，实现跨区域的专利保护，赔偿标准趋于统一有着重要的影响，但是，相对于当事人而言，地域的集中管辖还存在着时间和诉讼成本的问题。从时间上看，虽然省内交通非常方便，但是要跨区进行诉讼还是不大方便，如果能在当地解决起诉问题，将可以节约大量的时间和诉讼成本，有些诉讼标的额小的案件有可能受地域的影响，当事人不选择走诉讼的维权途径，这也有利于排除部分低价值专利的诉讼，减少法院的案件压力，可以有时间和精力应对真正的核心专利的诉讼。另外，专利二审的管辖权在最高人民法院知识产权法庭，对于专利权人进行维权的诉讼成本将大大增加，也有利于专利权人从专利技术本身的先进性和侵权的范围考察胜诉的可能性，再根据情况决定是否提出诉讼，不过，对于北京的律师事务所将是个利好因素。

10.3.3　专利诉讼对产业经济发展的影响

根据数据显示，一审判决的案件中原告胜诉率为 85.58%，诉讼请求判赔比平均数为 34.98%，除了华为诉三星案件，被告的赔偿数额为 8050 万元，其他的平均值为 7.14 万元，超过 10 万元的为 50 件，大多数的专利侵权赔偿数额都较低。其中原因非常多，根据专利法的赔偿规则，侵犯专利权的赔偿数额的赔偿顺序为实际损失、侵权获利、专利许可使用费的倍数、法定赔偿，其中，法定赔偿标准为 1 万元以上 100 万元以下的赔偿，众多的案件都是由法官进行自由裁量，往往得不到上述赔偿顺序的证据。专利的价值往往在于法院的判决，如果法院对某个侵权案件作出赔偿数额的认定，往往就代表着涉案专利的价值，当然法院的判决是基于证据的基础之上的，如果真正有价值的专利根据专利法的规定也不能证明实际损失、侵权获利、专利许可使用费，也只能根据法定赔偿的定价。在专利诉讼中，专利律师的作用就显得比较明显，有专业的律师会去寻找上述赔偿顺序的证据，在证据的基础上获得更多的赔偿数额。高额的赔偿额将会给专利权人更大的保护和激励，才会对研发投入更多地资金，对产业的发展提供新的技术，如果赔偿数额非常低，专利权人将不会采用诉讼去取得相应的保护，法律的保护作用将不明显，不能很好地起到保护的功能。2020 年 10 月 17 日修改后的《专利法》强化了专利的保护，规定了恶意侵权的惩罚性赔偿条款，对法定赔偿标准的最低数额提高到 3 万元，对被侵权人要求提供财务账簿等材料做了相关的规定，整体上加大了专利的保护力度。

福建省法院从 2008 年至 2017 年，平均判赔比为 37.88%，2009 年和 2011 年都超过了 50%，2012 年以后相对比较平稳，2015—2017 年有所上升，体现了近些年福建省司法系统对专利的保护力度有所增强。福建省法院切实加大知识产权司法保护力度，提高侵权人违法成本，树立保护知识产权就是保护创新的理念，充分发挥法律威慑作用，增强权利人获得感和安全感。突出知识产权司法保护主导作用，更加注重严格保护，加大对关键核心技术、互联网新业态及新能源、新材料等领域的知识产权保护，为创新保驾护航；加重对源头侵权、重复侵权、恶意侵权、规模侵权行为的打击力度，通过提高判赔额度，提升侵权人侵权成本，消除其再次侵权的可能。

10.4 本章小结

专利通过专利技术的实施助推企业转型，引领产业升级，推进科技创新，支持区域创新发展，专利司法保护是专利保护中的一项重要制度。通过贯彻公平正义原则，使专利权人因侵权行为受到的损失得到合理赔偿，维护专利权人的创新热情，而专利司法保护强度需与省科技水平、经济发展水平相适应。对专利权人司法保护策略和能动司法进行了深入探讨，得到以下几个结论。

（1）专利权人司法保护策略。

专利权人在选择法院诉讼地也尤为重要，司法环境好的法院应该更受到当事人的青睐。专利权人在提起诉讼时可以先确定一个胜诉判决，再分年度提起其他的诉讼；另一种策略则是在掌握了明确的侵权证据时，一次性地提出所有的诉讼，避免侵权方对产品进行修改，造成证据的灭失。在诉讼被告主体的选择上，要考虑被告的赔偿能力，一般外国跨国公司的赔付能力最强，其次为公司主体，最后才是个体经营者。

被告需要聘请专业人员来分析数据，可以聘请专利代理师或者律师来应对诉讼；重视“合法来源”的抗辩，保留相关的证据，以避免出现诉讼。

（2）专利诉讼对产业经济发展有着重要的影响。

知识产权法庭的成立，对专利的管辖进行了集中，审判的尺度得到了统一，实现跨区域的专利保护，赔偿标准趋于统一，避免类案判赔数额畸高或畸低。

福建省诉讼请求判赔比平均数为 34.98%，最低与最高之间差距非常大，主要问题在于专利权人的举证困难，专利损害赔偿的顺序为权利人实际损失、侵权获益、专利许可费用的合理倍数、法定赔偿，从数据来看，几乎都适用了法定赔偿的标准，其原因主要在于：侵权方制作销售侵权产品，难以计算权利人因此受到的实际损失；侵权获益理论上很好计算，但是权利人难以获得相关的财务凭证，侵权方也不会轻易地提供；专利许可费用是基于专利被许可的情形下，还要比较许可条件、企业规模、产品数量等条件，另外专利许可合同属于许可人与被许可人之间的商业秘密，也难以用来作为赔偿的标准。因此，法定赔偿标准经常被适用，在以往司法实践中，存在着法定赔偿方式适用过多与损害赔偿数额认定较低的问题，2020 年 10 月 17 日修改后的《专利法》强化了专利的保护，规定了恶意侵权的惩罚性赔偿条款，对法定赔偿标准的最低数额提高到 3 万元，对被侵权人要求提供财务账簿等材料做了相关的规定，整体上加大了专利的保护力度。通过专利诉讼来保护产业的健康发展，高赔偿额将有利于专利权人的保护和激励，从而促进技术的提升。

第 11 章　研究结论与展望

本书从核心专利视角出发，揭示核心专利规律，总结专利识别指标的现有研究，并通过新能源汽车产业开展实证研究，探讨核心专利如何为产业发展提供支撑，同时针对核心专利的司法保护开展研究，从理论上探讨专利的司法保护，从实证角度出发，以福建省 2008—2017 年法院司法文书为例探究核心专利司法保护的水平，在数据的基础上结合分析专利价值、保护网络、律师作用、企业核心专利管理策略，向创新主体提供策略建议，从而实现创新驱动发展的战略目标。

11.1　本书研究结论

（1）核心专利识别指标理论与实证。

通过对核心专利的内涵和外延的分析，总结核心专利的特征，提出核心专利是某个技术领域的高竞争力、高价值的核心技术。通过对核心专利识别指标理论和实证研究，研究显示说明书页数、附图页数和摘要字数在逻辑回归中不显著，但在相关系数矩阵中显著，在此把这些指标综合成文献页数；权利要求数量、发明人个数、IPC 分类号个数、同族专利数量是显著的。采用福建省新能源汽车技术领域数据的结果显示文献页数不显著，引证次数、被引证次数、权利要求数量、发明人个数、IPC 分类号个数、同族专利数量、专利转让都是显著的。

专利质押是核心专利评价的重要指标，而且专利质押的次数越多，其专利的重要程度越高。专利许可不一定就代表核心专利。能进入复审和无效的专利对于申请人而言都是比较重要的专利，可以认为这些专利都是核心高价值的专利。网络成交专利毫无疑问应该属于核心专利，只有拥有市场前景的专利才会成交，而成交的专利也能代表着该领域中，此项专利技术属于符合市场需求的技术，从而属于核心专利。在专利诉讼中，获得高赔偿额的专利肯定属于核心专利范畴，获得赔偿的专利代表着一定的高价值性。

（2）为企业核心专利管理提供建议。

核心专利对于产业创新有着极其重要的影响，需要重视核心专利的研发，而核心专利的研发可以通过产业集群来实现，再运用专利许可、专利转让、委托开发等形式，对其核心专利进行转化，以提升产业创新能力。

核心专利的布局对产业发展有着重要的影响，可以通过深入地学习研究和消化吸收现有技术，在其基础上进行改进获得外围专利，以实现争取交叉许可，或者降低核心专利的许可费用的功能；还应当在核心技术基础上，在技术的演进中开创自己的核心技术，并布局核心专利和外围专利；建立自己的行业数据库，通过跟踪核心技术发展，寻找突破点，寻找研发方向，根据核心专利做规避设计，充分利用专利的地域性，实现技术的突破；构建行业专利池，制定合理的专利共享机制和防御机制，促进企业“抱团作战”。

核心专利与产业运用决策中，要政府、行业协会和企业三方面有机结合，通过政策引导，行业协会协调，企业自主创新为主体，实现某一技术领域的核心专利的突破，进而提升市场竞争力，实现整体产业的发展。

（3）为企业核心专利保护提供建议。

企业在发现侵权产品时，可以及时向法院提起侵权诉讼，在选择被诉对象时，发明和实用新型专利尽量选择企业类型，获得的赔偿数额更多，而外观设计则企业和个人差别不大。企业在提起专利诉讼时需要聘请专业律师，收集相关证据，制定诉讼策略，进而获得胜诉，在计算赔偿额时也可以争取到更高的数额，而对于被告而言，聘请律师可以在侵权赔偿额计算时发挥作用，为企业减少赔偿数额。企业在选择实用新型和外观设计专利诉讼时还是要选择有价值的专利，技术创新程度越高，越能获得经济赔偿。企业在面对专利诉讼时根据专利评价报告来决定是否提起无效宣告程序；如果专利评价报告对专利的新颖性和创造性评价比较低，则可以再次收集证据提起无效宣告程序；如果权利稳定性高，则不需要提起无效宣告程序，从现有技术、侵权赔偿额的减少进行抗辩。企业在选择专利诉讼的对象时，需要更多地从市场的角度去考虑，市场销售数额多、容易调查取证的产品更能获得赔偿数额。企业在提起诉讼时，可以在“法定赔偿”标准的上限去提出请求，争取获得更高的判决数额。

（4）专利诉讼对产业经济发展有着重要的影响。

知识产权法庭的成立，对专利的管辖进行了集中，审判的尺度得到了统一，实现跨区域的专利保护，赔偿标准趋于统一，避免类案判赔数额畸高或畸低。法定赔偿标准经常被适用，在以往司法实践中，存在着法定赔偿方式适用过多与损害赔偿数额认定较低的问题，2020 年 10 月 17 日修改后的《专利法》加强了专利的保护，通过专利诉讼来保护产业的健康发展，高赔偿额将有利于专利权人的保护和激励，从而促进技术的提升。

11.2　本书创新点

核心专利是专利管理与保护的重要内容，本书运用计量模型构建核心专利识别指标，并针对专利诉讼表现的专利司法保护网络进行分析，根据专利诉讼中的特征构建基于诉讼的核心专利价值模型，构建核心专利司法保护律师作用模型，构建核心专利司法保护对企业专利管理策略的影响研究模型，并进行实证研究，可以从以下几个方面为现有研究提供补充。

（1）核心专利识别指标理论与实证。通过对核心专利的内涵和外延的分析，总结核心专利的特征，提出核心专利是某个技术领域的高竞争力、高价值的核心技术。通过对核心专利识别指标理论和实证研究，研究显示说明书页数、附图页数和摘要字数在逻辑回归中不显著，但在相关系数矩阵中显著，在此把这些指标综合成文献页数；权利要求数量、发明人个数、IPC 分类号个数、同族专利数量是显著的。采用福建省新能源汽车技术领域数据的结果显示，文献页数不显著，引证次数、被引证次数、权利要求数量、发明人个数、IPC 分类号个数、同族专利数量、专利转让都是显著的。

专利质押是核心专利识别的重要指标，而且专利质押的次数越多，其专利的重要程度越高。被许可的专利不一定就代表核心专利，能进入复审和无效的专利对于申请人而言都是比较重要的专利，可以认为这些专利都是核心高价值的专利。网络成交专利毫无疑问应该属于核心专利，只有拥有市场前景的专利才会得到成交，而成交的专利也能代表着此领域中此项专利技术属于符合市场需求的技术，从而属于核心专利。在专利诉讼中，获得高赔偿额的专利肯定属于核心专利范畴，获得赔偿的专利代表着一定的高价值性。

（2）为企业核心专利管理提供建议。核心专利对于产业创新有着极其重要的影响，需要重视核心专利的研发，而核心专利的研发可以通过产业集群来实现，再运用专利许可、专利转让、委托开发等形式，对核心专利进行转化，以提升产业创新能力。

核心专利的布局对产业发展有着重要的影响，可以通过深入学习研究和消化吸收现有技术，在其基础上进行改进获得外围专利，以实现争取交叉许可，或者降低核心专利的许可费用的功能；还应当在核心技术基础上，在技术的演进中开创自己的核心技术，并布局核心专利和外围专利；建立自己的行业数据库，通过跟踪核心技术发展，寻找突破点，寻找研发方向，根据核心专利进行规避设计，充分利用专利的地域性，实现技术的突破；构建行业专利池，制定合理的专利共享机制和防御机制，促进企业“抱团作战”。

核心专利与产业运用决策中，政府、行业协会和企业三方面要有机结合，通过政策引导，行业协会协调，以企业自主创新为主体，实现某一技术领域的核心专利的突破，进而提升市场竞争力，实现整体产业的发展。

（3）为企业核心专利保护提供建议。企业在发现侵权产品时，可以及时向法院提起侵权诉讼，在选择被诉对象时，对于发明和实用新型专利尽量选择企业类型，获得的赔偿数额更多；而对于外观设计则企业和个人差别不大。企业在提起专利诉讼时需要聘请专业律师，收集相关证据，制定诉讼策略，进而获得胜诉，在计算赔偿额时也可以争取到更高的数额，而对于被告而言，聘请律师可以在计算侵权赔偿额时发挥作用，能够为企业减少赔偿数额。企业在选择实用新型专利和外观设计专利诉讼时，还是要选择有价值的专利，技术创新程度越高越能获得经济赔偿。企业在面对专利诉讼时根据专利评价报告来决定是否提起无效宣告程序；如果专利评价报告对专利的新颖性和创造性评价比较低，则可以再次收集证据提起无效宣告程序；如果权利稳定性高，则不需要提起无效宣告程序，从现有技术、侵权赔偿额的减少等方面进行抗辩。企业在选择专利诉讼对象时，需要更多地从市场的角度去考虑，选择市场销售数额多、容易调查取证的产品能够获得更多的赔偿数额。企业在提起诉讼时，可以从“法定赔偿”标准的上限提出请求，争取获得更高的判决数额。

11.3 展　望

本书从核心专利的识别指标的理论和实证、核心专利与司法保护之间的相关性进行研究，得到一些有效的结论，但还存在着一些不足之处，还有待进一步的探讨。

首先，核心专利的识别因素众多，本书只考虑了其中的部分因素，还未能对其影响因素做全面的考察，只考虑了新能源汽车产业，行业的不同是否对核心专利的识别产生不同的影响，还有待于深入研究。

其次，本书选取 Darts - ip 数据库的福建省 2008—2017 年法院司法文书作为研究数据，与实际的司法文书数据之间仍有差距，如能从法院获得更加全面的数据，将有利于对核心专利司法保护做更深入的研究。

最后，本书只从司法文书数据来考察核心专利的司法保护，如果能对专利权人和被告做一些访谈，对其诉讼的原因、诉讼策略、诉讼时考察的各种因素做深入的调研，研究将会更加深入。

参考文献

[1] Acosta M, Coronado D. Science – technology flows in Spanish regions an analysis of scientific ctiations in patents [J]. Research Policy. 2003, 32 (10): 1783 – 1803.

[2] Adukia A. Sanitation and Education [J]. American Economic Journal: Applied Economics, 2017, 9 (2): 23 – 59.

[3] Alan J. Cox, Kristina Sepetys. Intellectual Property Rights Protection in China: Trends in Litigation and Economic Damages [EB/OL]. [2017 – 09 – 25]. http://www.nera.com/extImage/PUB_IPR_Protection_China_0109_final.pdf.

[4] Albert M., Avery B., Narin F., et al. Direct validation of citation counts as indicators of industrially important patents [J]. Research Policy, 1991, 20 (3): 251 – 259.

[5] Allison J, Lemley M, Walker J. Patent quality and settlement among repeated patent litigation [J]. Georgetown Law Journal, 2011, 99 (3): 677 – 712.

[6] Allison J, Lemley M, Walker J., Extreme value or trolls on top? Evidece from the most – litigated patents [J]. University of Pennsylvania Law Review, 2009, 158 (1): 1 – 37.

[7] Altuntas S., Dereli T., A novel approach based on DEMATEL method and patent citation analysis for prioritizing a portfolio of investment projects [J]. Expert Systems with Applications, 2015, 42 (3): 1003 – 1012.

[8] Amit R., Zott, C. Value Creation in E – business [J]. Strategic Management Journal, 2001, 22 (6/7): 493 – 520.

[9] Arora, A., Ceccagnoli, M. Patent Protection, Complementary Assets, and Firms' Incentives for Technology Licensing [J]. Management Science, 2006, 52 (2): 293 – 308.

[10] Barnes, J. A. Social Networks [M]. Addison – Wesley Pub. Co, Reading, Mass, 1974.

[11] Barnes, John A. Class and Committees in a Norwegian Island Parish [J]. Human Relations, 1954 (7): 39 – 58.

[12] Baron J., Delcamp H. The private and social value of patents in discrete and cumula-

tive innovation [M]. Springer – Verlag New York, Inc. 2012.

[13] Bekkers R., Bongard R., Nuvolari A. An empirical study on the determinants of essential patent claims in compatibility standards [J]. Research Policy, 2011, 40 (7): 1001 – 1015.

[14] Bessen J., Meurer M. J. Patent failure: How judges, bureaucrats, and lawyer put innovation at risk [M]. Princeton: Princeton University Press, 2008.

[15] Blackwell, M., Iacus, S. M., King, G., Porro, G. CEM: Coarsened Exact Matching in Stata [J]. Stata Journal, 2009, 9 (4): 524 – 546.

[16] Brechi, S., Lissoni, F. Cross – firm inventors and social networks: localised knowledge spillovers revisited [J]. Annals d' Economieet de Statistique, 2005, (79 – 80): 1 – 29.

[17] Brechi, S., Lissoni, F. Knowledge networks from patent data: methodological issues and research targets. In: Glanzel, W., Moed, H., Schmoch, U. (Eds.), Handbook of Quantitative S&T Research: The use of Publication and Patent Statistics in Studies of S&T Systems, Springer Verlag, Berlin, 2004: 613 – 643.

[18] Burke P. F. and Reitzig M. Measuring Patent Assessment Quality: Analyzing the Degree and Kind of (in) Consistency in Patent Offices' Decision Making [J]. Research Policy, 2007, 36 (9): 1404 – 1430.

[19] Chen D Z, Chang H W, Huang M H, et al. Core Technologies and Key Industries in Taiwan from 1978 to 2002: A Perspective from Patent Analysis [J]. Scientometrics, 2005, 64 (1): 31 – 53.

[20] Chen Y., Puttitanun T. Intellectual property rights and innovation in developing countries [J]. Journal of Development Economics, 2005, 78 (2): 474 – 493.

[21] Choi J P. Alternative damage rules and probabilistic intellectual property rights: Unjust enrichment, lost profits, and reasonable royalty [J]. Information Economics and Policy, 2009 (21): 145 – 157.

[22] ChopardB, Cortade T, Langlais R. Damage rules and the patent hold – up problem: Lost Profit versus Unjust Enrichment [J]. Revue Déconomie Politique, 2015, 124 (4): 519.

[23] Cohen, L., Gurun, U. G., Kominers, S. D. The Growing Problem of Patent Trolling [J]. Science, 2016, 352 (6285): 521 – 522.

[24] Constructing the Patent Power Scorecard [EO/BL] [2017 – 09 – 25]. https: //spec-

trum. ieee. org/at – work/innovation/patent – power – 2016/constructing the patent power scorecard 2016.

[25] Criscuolo, P., Verspagen, B. Does it matter where patent citations come from? Inventor vs. examiner citations in European patents [J]. Research Policy, 2008 (37): 1892 – 1908.

[26] Dezs, C. L., Ross, D. G. Does Female Representation in Top Management Improve Firm Performance? A Panel Data Investigation [J]. Strategic Management Journal, 2012, 33 (9): 1072 – 1089.

[27] Dinwiddie S. K. A shifting barrier? Difficulties of obtaining patent infringement damages in Japan [J]. Wash. L. Review, 1995: 833.

[28] Edurado S., Schwartz. Patent and R&D as real options [N]. National Bureau of Economic Research, Working Paper, No. 10114, vol. 11, 2003.

[29] Feldman, E. R., Amit, R., Villalonga, B. Corporate Divestitures and Family Control [J]. Strategic ManagementJournal, 2016, 37 (3): 429 – 446.

[30] Fischer T., Henkel J. Patent trolls on markets for technology: An empirical analysis of NPEs' patent acquisitions [EO/BL]. [2011 – 04 – 28]. https: //ssrn. com/abstract = 1523102.

[31] Freeman, L. C. Centrality in social networks conceptual clarification [J]. Social Networks, 1979, 1 (3): 215 – 239.

[32] Ginarte J. C., W. G. Park. Determinants of patent rights: A cross – nationalstudy [J]. Research Policy, 1997 (26): 283 – 301.

[33] Gnyawali, D. R., Madhavan, R., Cooperative networks and competitive dynamics: A structural embeddedness perspective [J]. Academy of Management Review, 2001 (26): 431 – 445.

[34] Gorman E H. Work Uncertainty and the Promotion of Professional Women: The Case of Law Firm Partnership [J]. Social Forces, 2006, 85 (2): 865 – 890.

[35] Griliches Z. Patent Statistics as Economic Indicators: A Survey [J], Journal of Economic Literature, 1990 (28): 1661 – 1707.

[36] Hahn P W., Clayton S D. The effects of attorney presentation style, attorney gender, and juror gender on juror decisions [J]. Law & Human Behavior, 1996, 20 (5): 533 – 554.

[37] Harhoff D, Narin F, Scherer F M, et al. Citation Frequency and the Value of Patented

Inventions [J]. The Review of Economics and Statistics, 1999, 81 (3): 511 -515.

[38] Harhoff D. , Scherer F. M. , Katrin V. Citations, family size, opposition and the value of patent rights [J]. Research Policy, 2003, 32 (8): 1343 - 1363.

[39] Hubbard M. , Brooks L. The effect of Seagate on patent infringement risk management strategies [J]. Intellectual Property & Technology Law Journal, 2010, 22 (3): 1 -4.

[40] Huimin M, Hernandez J A. Price Skimming on a Successful Marketing Strategy: Study of Ipad Launching as Apple' s Innovative Product [C]. Proceedings of the 8th International Conference on Innovation & Management. Japan, 2011: 389 -393.

[41] Iacus, S. M. , King, G. , Porro, G. Causal Inference without Balance Checking: Coarsened Exact Matching [J]. Political Analysis, 2012, 20 (1): 1 -24.

[42] Inoue H. , Souma W. , Tamada S. , Spatial characteristics of joint application networks in Japanese patents [J]. Physica, 2007 (383): 152 - 157.

[43] International Telecommunication Union. Guidelines for Implementation of ITU - TPatent Policy [EO/BL]. [2017 - 05 - 12]. http: //www. itu. int/ITU - T/dbase/patent/files/glp20051102. pdf.

[44] Jaffe, Adam B. , Rebecce Henderson and Manuel Trajenberg. Geographic localization of knowledge spillovers as evidenced by patent citations [J]. Quarterly Journal of Economics, 1993 (108): 577 -598.

[45] Janicke P M, Ren L L. Who wins patent infringement cases [J]. AIPLA Quarterly Journal, 2006, 34 (1): 1 -41.

[46] Kanwa R S. , Evenson R. On the strength of intellectual property protection that nations provide [J]. Journal of Development Economics, 2009, 90 (1): 50 -56.

[47] Kuo S C G. Symposium: Rethinking the Masculine Character of the Legal Profession: A Case Stude of Female Legal Professionals and Their Genered Life in Taiwan [J]. Cancer Research, 2005, 63 (5): 994 -999.

[48] Kyoko Ishida. Why Female Lawyers Get less - Multiple Glass Ceiling for Japanese Female Lawyers [J]. Hastings International and Comparative Law Review, 2016, 39 (2): 434 -438.

[49] Lanjouw J O, Sehankerman M. Patent Quality and Research Productivity: Measuring Innovation with Multiple Indicators [J]. Economic Journal, 2004, 114 (495): 441 -465.

[50] Lanjouw JO, Pakes A. , Putnam J. How to count patents and value intellectual property: the uses of patent renewal and application data [J]. The Journal of Industrial Eco-

nomics, 1998, 46 (4): 405 - 432.

[51] Lanjouw JO. , Schankerman M. Characteristics of patent litigation: a window on competition [J]. The rand journal of economics, 2001, 32 (1): 129 - 151.

[52] Legaard B K. , Smith - hill J. Developing a patent infringement risk - assessment strategy [J]. Oregon Business Magazine, 2014, 37 (1): 40.

[53] Lemley M A, Shapiro C. Patent holdup and royalty stacking [J]. Social Science Electronic Publishing, 2007, 85 (7): 1991 - 2049.

[54] Lobo, J. , Strumsky D. , Metropolitan patenting, inventor agglomeration and social networks: A tale of two effects [J]. Journal of Urban Economics, 2008 (63): 871 - 884.

[55] Markus Reitzig. Improving Patent Valuation Methods for Management - Validating New Indicators by Understanding Patenting Strategies [C], 2002: 10 - 15.

[56] Mazzeo M J, Hillel J, Zyontz S. Explaining the "unpredictable": An empirical analysis of U. S. patent infringement awards [J]. International Review of Law and Economics, 2013 (35): 58 - 72.

[57] Mazzeo M. J, Hillel J. , Zyontz S. Excessive or unpredictable? An empirical analysis of patent Infringement awards [EB/OL]. [2020 - 06 - 25]. http: //ssrn. com/abstract = 1765891.

[58] Moore K A. Worthless Patents [J]. Berkeley Technology Law Journal, 2005, 20 (4): 1527 - 1552.

[59] Myers S. C. Determinants of Corporate Borrowing [J]. Journal of Financial Economics, 1977 (5): 147 - 176.

[60] Narin F. Patent bibliometrics [J]. Scientometrics, 1994, 30 (1): 147 - 155.

[61] Nasser A. Intellectual Property Rights and Bilateral Intra - Industry Trade Flows: An Intuitive Framework [J]. Theoretical Economics Letters, 2014, 4 (8): 716 - 726.

[62] Owen - Smith, J. , Powell, W. Knowledge networks as channels and conduits: The effects of spillovers in the Boston biotechnology community [J]. Organization Science, 2004 (15): 5 - 21.

[63] Paul, S. Willful patent infringement: theoretically sound? A proposal to restore willful infringement to its proper place within patent law [J]. University of Illinois Law Review, 2006 (3): 660 - 687.

[64] Rassenfosse D G. , Jaffe A B. Are patent fees effective at weeding out low - quality pa-

tents? [J]. Journal of Economics & Management Strategy, 2017, 27 (1): 134 - 148.

[65] Reagans R., McEvily B., Network structure and knowledge transfer: the effect of cohesion and range [J]. Administrative Science Quarterly, 2003 (48): 240 - 267.

[66] Reitzig M. What determines patent value? Insights from the semiconductor industry [J]. Research policy, 2003, 32 (1): 13 - 26.

[67] Reitzig M., Henkel J., Heath C. On sharks, trolls, and their patent prey - unrealistic damage awards and firms' strategy of "being infringed" [J]. Research Policy, 2007 (36): 134 - 154.

[68] Robert P. Merges, Peter S. Menell and Mark A. Lemley. Intellectual Property in the New Technological Age [M]. 5th Ed. New York, USA: Aspen Publishers, 2010.

[69] Rodriguez, A., Kim B., Lee J., et al. Graph kernel based measure for evaluating the influence of patents in a patent citation network [J]. Expert Systems with Applications, 2015, 42 (3): 1479 - 1486.

[70] Romijn, H., Albu, M. Innovation, Networking and Proximity. Lessons from Small High Technology Firms in the UK [J]. Regional Studies, 2002, 36 (1): 81 - 86.

[71] Rysman, M., Simcoe, T., Heath, C. Patents and the performance of voluntary standard - setting organizations [J]. Management Science, 2008 (54): 1920 - 1934.

[72] Sanders B S, Rossman J, Harris L J. The economic impact of patents [J]. Patent, Trademark, and Copyright Journal, 1958, 2 (2): 340 - 362.

[73] Schneider C. Fences and Competition in Patent Races [J]. International Journal of Industrial Organization, 2008, 26 (6): 1348 - 1364.

[74] Scott, J. Social network analysis [J]. Sociology, 1988, 22 (1): 109 - 127.

[75] Shapiro, C. Injunction, hold - up, and patent royalties [J]. American Law and Economics Review, 2010, 12 (2): 509 - 557.

[76] Shashank Pushkar, Prity Kumari, Akhileshwar Mishra. IT project selection using Fuzzy Real Option Optimization Model [J]. International Journal of E - Entrepreneurship and Innovation, 2012 (3): 37 - 49.

[77] Sherry E F., Teece D J. Royalties, evolving patent rights, and the value of innovation [J]. Research Policy, 2004 (33): 179 - 191.

[78] Shrestha S K. Trolls or market - makers? An empirical analysis of nonpracticing entities [J]. Columbia Law Review, 2010, 1 (10): 114 - 160.

[79] Singh, J. Collaborative networks as determinants of knowledge diffusion patterns [J].

Management Science, 2005, 51 (5): 756 - 770.

[80] Singh, J. Collaborative networks as determinants of knowledge diffusion patterns [J]. Management Science, 2005, 51 (5): 756 - 770.

[81] Smeets, R. Does Patent Litigation Reduce Corporate R&D? An Analysis of U. S. Public Firms [N]. Rutgers University Working Paper, 2015.

[82] Surdeanu M, Nallapati R, Gregory G, et al. Risk Analysis for Intellectual Property Litigation [C]. Pittsburgh: The International Conference on Artificial Intelligenceand Law, 2011.

[83] Takenaka T. Patent infringement damages in Japan and the United States: Will increased patent infringement damage awards revive the Japanese economy? [J]. Re - Engineering Patent Law, 2000 (2): 309 - 370.

[84] Thonma G. Composite value index of patent indicator: factor analysis combining bibliographic and survey database [J]. World patent information, 2014, 38 (9): 19 - 26.

[85] Tong X Frame J D. Measuring National Technological Performance with Patent Claims Data [J]. Research Policy, 1994, 23 (2): 133 - 141.

[86] Trajtenberg M. A Penny for Your Quotes: Patent Citation Sandthe Value of Inventions [J]. RAND Journal of Economics, 1990, 21 (1): 172 - 187.

[87] Turner J L., Bessen J E., Neuh usler P. The costs and benefits of United States Patents [J]. Social Science Electronic Publishing, 2013, 5 (4): 595 - 599.

[88] Van Zeebroeck N. The puzzle of patent value indicators [J]. Economics of Innovation and New Technology, 2011, 20 (1): 33 - 62.

[89] Wang S J. Factors to evaluate a patent in addition to citations [J]. Scientometrics, 2007, 71 (3): 509 - 522.

[90] Wang X M, Zhang X, Xu S. Patent co - citation networks of Fortune 500 companies [J]. Scientometrics, 2011, 88 (3): 761 - 770.

[91] Wasserman, S. and K. Faust. Social network analysis: Methods and applications [M]. New York: Cambridge University Press. 1994.

[92] Wright J E. Willful patent infringement and enhanced damages - evolution and analysis [J] Geo. Mason L. Rev., 2001 (10): 97.

[93] Zahra, S. A., George, G. Absorptive Capacity: A Review, Reconceptualization, and Extension [J]. Academy of Management Review, 2002, 27 (2): 185 - 203.

[94] 陈凤，杨春野. 涉林纠纷解决的新路径——论能动司法与大调解语境下的诉前调

解机制［J］. 中国环境法治，2012（2）：76－88.
［95］陈国猛. 忠实履行审判职责 努力推动法院工作的科学发展［J］. 东南司法评论，2013（1）：1－11.
［96］陈锦川. 从司法角度看专利法实施中存在的若干问题［J］. 知识产权，2015（4）：14－19.
［97］程永顺，吴莉娟. “专利地痞”在中国的现状评述及对策研究［J］. 知识产权，2013（8）：3－13.
［98］丁文杰. 专利侵权中的归责原则及其司法适用——美国3M公司诉山东双球防护器材有限公司侵犯专利权纠纷案［J］. 中国发明与专利，2019，16（3）：113－115.
［99］戴哲，张芸芝. 德国专利侵权损害赔偿额的计算方法及启示［J］. 重庆理工大学学报（社会科学），2017，31（4）：94－104.
［100］董涛. Ocean Tomo 300th 专利指数评析［J］. 电子知识产权，2008（5）：41－42.
［101］董雪兵，朱慧，康继军，等. 转型期知识产权保护制度的增长效应研究［J］. 经济研究，2012（8）：4－17.
［102］范晓宇. 专利侵权损害赔偿的要件及其举证责任——以《侵权责任法》为切入点［J］. 法学杂志，2012（1）：147－151.
［103］冯永琴，张米尔，纪勇. 技术标准创立中的专利引用网络研究［J］. 科研管理，2013（7）：71－77.
［104］管育鹰. 专利侵权损害赔偿额判定中专利贡献度问题探讨［J］. 人民司法，2010（23）：83－88.
［105］国家标准委 国家知识产权局关于发布《国家标准涉及专利的管理规定（暂行）》的公告［EO/BL］.［2017－05－12］. http：//www. fjipo. gov. cn/html/5/19/5869_201558948. html.
［106］国家知识产权运营公共服务平台. 《高价值专利培育和评价标准》正式发布［EO/BL］.［2019－07－06］. http：//m. vipzhuanli. com/news/rdzx/10314. html.
［107］韩志华. 核心专利判别的综合指标体系研究［J］. 中国外资，2010（2）：193－196.
［108］何丹. 非专利实施体标准必要专利诉讼中禁令的适用原则［J］. 时代法学，2018（2）：113－121.
［109］贺宁馨，董哲林. 专利司法保护对企业专利决策的影响机理研究［J］. 科学学

研究，2018，36（3）：456－463.

［110］贺宁馨，许可，董哲林．专利诉讼的风险分析及其对企业专利战略的影响研究［J］．科学学与科学技术管理，2018，39（7）：65－73.

［111］贺宁馨，袁晓东．我国专利侵权损害赔偿制度有效性的实证研究［J］．科研管理，2012，33（4）：124－130.

［112］洪结银，封曾陟，陶爱萍．真的都是“专利流氓”吗？——如何正确看待 NPEs［J］．情报杂志，2019，38（4）：29－36.

［113］洪志坚．思明区人民法院能动司法的实践与探索［J］．中国审判，2010（8）：62－63.

［114］侯剑华，范二宝．基于专利家族的核心技术演进分析——以太阳能光伏电池技术为例［J］．情报杂志，2014（33）：30－35.

［115］胡晶晶．德国法中的专利侵权损害赔偿计算——以德国《专利法》第 139 条与德国《民事诉讼法》第 287 条为中心［J］．法律科学（西北政法大学学报），2018（4）：190－200.

［116］黄良才．褪去“基本专利”的神奇光环［N］，中国知识产权报，2012－09－26（005）.

［117］霍翠婷．企业核心专利判定的方法研究［J］．情报杂志，2012（11）：95－99.

［118］鞠海亭．专利侵权赔偿数额如何确定［J］．中国审判，2009（11）：78－79.

［119］孔祥俊．当前我国知识产权司法保护几个问题的探讨——关于知识产权司法政策及其走向的再思考［J］．知识产权，2015（1）：3－15.

［120］李广凯，文毅，曾倩莹．基于专利标准化指标的电力行业识别核心专利综合分析体系研究［J］．中国发明与专利，2015（10）：37－42.

［121］李少平．对人民法院诉讼服务机制的理性思考［J］．人民司法，2009（5）：6－8.

［122］李纪珍．企业技术源的选择［J］．中国软科学，1999（10）：76－79.

［123］李娟，李保安，方晗，等．基于 AHP－熵权法的发明专利价值评估——以丰田开放专利为例［J］．情报杂志，2020，39（5）：59－63.

［124］李黎明．专利司法保护与产业经济发展的倒 U 型关系——测度与事实［J］．科学学研究，2016，34（6）：841－849.

［125］李明耀，黄金梓．我国法院环境能动司法模式及完善［J］．江西社会科学，2016，36（10）：181－187.

［126］李明德．关于我国知识产权法院体系建设的几个问题［J］．知识产权，2018（3）：14－26.

[127] 李睿. 专利被引频次和施引频次与专利价值的相关性解析——以在美注册的中国专利为样本 [J]. 情报学报, 2014, 33 (4): 396 - 404.

[128] 李小武. 论专利法中法定赔偿制度的终结 [J]. 电子知识产权, 2015 (10): 48 - 61.

[129] 李冶, 王庆红, 李达均. 基于二次分类方法的电力行业核心专利筛选评估模型 [J]. 中国发明与专利, 2016 (10): 71 - 75.

[130] 李钊, 张何元, 陈劲松. 引证频次与权利要求数在核心专利判别中的应用评析 [J], 竞争情报, 2017 (2): 24 - 29.

[131] 梁达然. 律师职业中的社会性别因素 [D]. 杭州: 浙江财经大学, 2019.

[132] 梁军. 中国发明专利许可价值衡量指标研究 [J]. 电子知识产权, 2011 (5): 52 - 55.

[133] 刘华俊. 知识产权价值评估研究——基于司法判决赔偿额的确定 [M]. 北京: 法律出版社, 2017.

[134] 刘小青, 陈向东. 基于复合期权模型的外国在华专利价值研究 [J]. 科学学与科学技术管理, 2009, 30 (11): 57 - 62.

[135] 刘晓纯. 侵权责任法视角下的专利侵权赔偿原则研究 [J]. 知识产权, 2011 (9): 45 - 48.

[136] 刘影. 日本标准必要专利损害赔偿额的计算——以 "Apple Japan vs. Samsung" 案为视角 [J]. 知识产权, 2017 (3): 99 - 104.

[137] 刘志锋, 何晓慧. 能动司法助跨越——访福建省高级人民法院院长马新岚 [J]. 人民政坛, 2012 (2): 22 - 23.

[138] 陆萍, 柯岚馨. Innography 在学科核心专利挖掘中的应用研究 [J]. 图书馆工作与研究, 2012 (8): 122 - 125.

[139] 栾春娟. 专利文献计量分析与专利发展模式研究——以数字信息传输技术为例 [D]. 大连: 大连理工大学, 2008.

[140] 罗立国. 核心专利识别指标研究 [J], 中国发明与专利, 2018, 15 (4): 63 - 69.

[141] 罗天雨. 核心专利判别方法及其在风力发电产业中的应用 [J]. 图书情报工作, 2012 (24): 96 - 101.

[142] 马永涛, 张旭, 傅俊英. 核心专利及其识别方法综述 [J]. 情报杂志, 2014 (5): 38 - 43, 70.

[143] 毛昊, 陈大鹏, 尹志锋. 中国专利保护"双轨制"路径完善的理论分析与实证

检验［J］. 中国软科学，2019（9）：1－17.

［144］毛昊，尹志锋，张锦. 策略性专利诉讼模式：基于非专利实施体多次诉讼的研究［J］. 中国工业经济，2017（2）：136－153.

［145］潘蓉. 中日专利侵权法律制度比较研究［D］. 济南：山东大学，2012.

［146］祁延莉，刘西琴. 核心专利识别方法研究［J］. 情报理论与实践，2016（11）：5－9.

［147］钱过，李文娟，袁润. 评价核心专利的综合价值指数［J］. 情报杂志，2014（6）：44－48.

［148］邱洪华，陆潘冰. 基于专利价值影响因素评价的企业专利技术管理策略研究［J］. 图书情报工作，2016，60（6）：77－83.

［149］史少华. 标准必要专利诉讼引发的思考——FRAND 原则与禁令［J］. 电子知识产权，2014（1）：76－79.

［150］宋河发. 专利保护程度评价体系与中美保护程度比较［J］. 科学学研究，2007，25（4）：646－653.

［151］宋健，张晓阳. 关于专利侵权诉讼中适用禁止反悔原则的几个问题［J］. 法律适用（司法案例），2018（8）：49－55.

［152］苏力. 关于能动司法与大调解［J］. 中国法学，2010（1）：5－16.

［153］孙涛涛，唐小利，李越. 核心专利的评价方法及其实证研究［J］. 图书情报工作，2012（4）：80－84.

［154］孙远钊. 专利诉讼“蟑螂”为患？——美国应对“专利蟑螂”的研究分析与动向［J］. 法治研究，2014（1）：74－84.

［155］万琦. 论我国专利纠纷解决的司法、行政路径［J］. 电子知识产权，2018，315（2）：91－103.

［156］万小丽，朱雪忠. 专利价值的评估指标体系及模糊综合评价［J］. 科研管理，2008（2）：185－191.

［157］王成军. 中外三重螺旋计量比较研究［J］. 科研管理，2007，27（6）：19－27.

［158］王凤. 我国专利侵权损害赔偿相关问题研究［D］. 兰州：兰州大学，2008.

［159］王建华，马双燕. 中国专利法侵权赔偿顺位规则：基于经济学视角［J］. 产业经济评论（山东大学），2015（4）：48－67.

［160］王瑞超. 当性别成为禁忌——民国时期上海女律师的执业处境［J］. 苏州大学学报（法学版），2019，6（3）：67－76.

［161］吴超鹏，唐菂. 知识产权保护执法力度、技术创新与企业绩效——来自中国上

市公司的证据［J］. 经济研究，2016（11）：125－139.

［162］吴汉东. 知识产权损害赔偿的市场价值基础与司法裁判规则［J］. 中外法学，2016，28（6）：1480－1494.

［163］肖沪卫，顾震宇. 专利地图方法与应用［M］. 上海：上海交通大学出版社，2011.

［164］谢萍，核心专利识别方法研究综述［J］. 科技管理研究，2016（1）：147－152.

［165］谢萍，钱过，袁润. 基于粗糙集理论的核心专利识别研究［J］. 情报杂志，2015（7）：34－38.

［166］徐聪颖. 我国专利权法定赔偿的实践与反思［J］. 河北法学，2014，32（12）：60－71.

［167］徐棣枫，郄志勇. 美国专利案件中的律师费承担规则及其发展［J］. 知识产权，2014（10）：108－112.

［168］徐棣枫. 试论专利诉讼法律服务市场的规范——从专利代理人到专利律师［J］. 南京大学学报（哲学. 人文科学. 社会科学版），1999（4）：3－5.

［169］徐瑄. 知识产权的正当性——论知识产权法中的对价与衡平［J］. 中国社会科学，2003（4）：144－154.

［170］许春明，单晓光. 中国知识产权保护强度指标体系的构建及验证［J］. 科学学研究，2008（4）：715－723.

［171］杨冠灿，刘彤，李纲，等. 基于综合引用网络的专利价值评价研究［J］. 情报学报，2013，32（12）：1265－1277.

［172］杨铁军. 专利分析实务手册［M］. 北京：知识产权出版社，2012.

［173］杨中楷，刘则渊，梁永霞. 试论基础专利——以汤斯和肖洛的激光专利为例［J］. 科学学研究，2009（5）：672－677，782.

［174］伊惠芳，吴红，马永新，等. 改进的柔性专利价值评价方法——基于时域—领域双重视角［J］. 情报杂志，2019，38（3）：53－60.

［175］易继明. 遏制专利蟑螂——评美国专利新政及其对中国的启示［J］. 西北政法大学学报，2014（2）：174－183.

［176］易继明. 我国知识产权司法保护的现状和方向［J］. 西北大学学报（哲学社会科学版），2018，48（5）：50－63.

［177］尹志锋，梁正. 我国专利侵权诉讼赔偿额的影响因素分析［J］. 中国软科学，2015（12）：12－24.

［178］尹志锋. 专利诉讼经历与企业技术创新战略［J］. 世界经济，2018，41（10）：170－192.

［179］于丽艳，毕克新．基于国际专利分类法的中国专利布局实证研究［J］．中国软科学，2009（3）：186－192．

［180］袁润，钱过．识别核心专利的粗糙集理论模型［J］．图书情报工作，2015（2）：123－130．

［181］詹映．我国知识产权保护水平的实证研究——国际比较与适度性评判［J］．科学学研究，2013（9）：1347－1354．

［182］张陈果．专利诉讼“权利救济实效”的实证分析——兼评中国专利法修订的成效与未来［J］．当代法学，2017（2）：81－96．

［183］张芳．专利侵权赔偿数额裁决权的性质及其与民事诉讼制度的衔接——《专利法》第四次修改草案征求意见稿第 65 条评析［J］．知识产权，2013（12）：71－74．

［184］张古哈．能动司法视野下凉山多元纠纷解决机制的构建［J］．西南民族大学学报（人文社科版），2019，40（11）：74－79．

［185］张鸿武，钟春平．知识产权保护还是 R&D 补贴？——提升中国工业技术创新能力的公共政策选择［J］．东南学术，2016（2）：55－67．

［186］张克群，夏伟伟，郝娟，等．专利价值的影响因素分析——专利布局战略观点［J］．情报杂志，2015，34（1）：72－76．

［187］张玲．论专利侵权赔偿损失的归责原则［J］．中国法学，2012（2）：119－130．

［188］张米尔，孟珊珊，田影．外围专利的测度方法及其应用研究［J］．科研管理，2014（3）：155－160．

［189］张鹏．日本专利侵权损害赔偿数额计算的理念与制度［J］．知识产权，2017（6）：87－98．

［190］张鹏，刘平，唐田田．布拉德福定律在专利分析系统中的应用［J］．现代图书情报技术，2010（Z1）：84－87．

［191］张娴，方曙，肖国华．专利文献价值评价模型构建及实证分析［J］．科技进步与对策，2011（6）：127－132．

［192］赵吉军．律师从事专利法律服务的几个问题——兼对《专利代理条例》修改的几点建议［J］．中国律师，2014（4）：71－73．

［193］赵艳辉，李宏利，殷朝晖．重要专利的筛选与分析［C］．2015 年中华全国专利代理人协会年会第六届知识产权论坛 2015，北京：20－30．

［194］周珂．以能动司法与环境正义理念推进绿色司法［J］．人民法治，2018（Z1）：16－17．

[195] 周磊，杨威. 基于专利引用的企业技术竞争研究 [J]. 科学学与科学技术管理，2014 (3)：42－48.

[196] 周璐，朱雪忠. 基于专利质量控制的审查与无效制度协同机制研究 [J]. 科学学与科学技术管理，2015，36 (4)：115－123.

[197] 周竺，黄瑞华. 对专利侵权赔偿的经济学分析 [J]. 科研管理，2007，28 (1)：65－67.

[198] 朱冬. 分摊原则与美国药品专利损害赔偿方法的转向 [J]. 法律方法，2016，20 (2)：303－312.

[199] 朱理. 专利侵权损害赔偿计算分摊原则的经济分析 [J]. 现代法学，2017，39 (5)：54－62.

[200] 朱雪忠，李闯豪. 美国专利间接侵权默示许可抗辩的反思与借鉴 [J]. 法律科学（西北政法大学学报），2018 (2)：179－190.

[201] 朱雪忠. 谈代理律师在专利侵权诉讼中的抗辩策略 [J]. 律师世界，1994 (4)：8－10.

后　记

本书得以顺利出版，在此，要感谢福建省哲学社会科学基金一般项目《专利司法保护强度与福建产业经济发展耦合研究》（FJ2016B073）和国家知识产权局软科学研究项目《引导我国产业发展的核心专利挖掘研究》（JT16－C－17）为本书提供素材基础。本书涉及大量数据收集工作，感谢团队成员金南桥、姜呵、张程宇、赵志浩、李楠、李徐帆和罗志铭等研究生的帮助。然而，本人才疏学浅，本书错漏之处在所难免，恳请学界先贤和同仁们不吝批评指正！

此外，知识产权出版社刘睿编审和邓莹编辑为本书的出版尽心尽力，一并致谢。

本书还得到厦门大学知识产权研究院、“一带一路”研究院和福建省高校特色新型智库“厦门大学创新与知识产权研究中心”资助，特此铭记说明。

罗立国

2021 年 4 月 26 日